马 黎 著

一小铲和五千年

考古记者眼中的良渚

良渚文明丛书
Liangzhu Civilization Series

One Dig for Five Millennium

Liangzhu in the Eyes of
an Archaeological Journalist

ZHEJIANG UNIVERSITY PRESS
浙江大学出版社

图书在版编目（CIP）数据

　　一小铲和五千年：考古记者眼中的良渚／马黎著. 一杭
州 ： 浙江大学出版社，2019.7（2024.1重印）
　　（良渚文明丛书）
　　ISBN 978-7-308-19199-9

　　Ⅰ．①一… Ⅱ．①马… Ⅲ．①良渚文化—文化遗址
考古发现 Ⅳ．①K871.13

　　中国版本图书馆CIP数据核字（2019）第111871号

一小铲和五千年：考古记者眼中的良渚
马 黎 著

出 品 人	鲁东明
策 划 人	陈丽霞
丛书统筹	徐 婵　卢 川
责任编辑	卢 川
责任校对	程曼漫
装帧设计	程 晨
排 版	杭州林智广告有限公司
出版发行	浙江大学出版社
	（杭州市天目山路148号　　邮政编码　310007）
	（网址：http://www.zjupress.com）
印 刷	浙江省邮电印刷股份有限公司
开 本	880mm×1230mm　1/32
印 张	9.5
字 数	180千
版 印 次	2019年7月第1版　2024年1月第5次印刷
书 号	ISBN 978-7-308-19199-9
定 价	68.00元

总序　Preface

良渚与中华五千年文明

刘　斌

　　时间与空间真是奇妙的组合，当我们仰望星空，看到浩瀚的宇宙，那些一闪一闪的星星，仿佛恒久不变地镶嵌在天幕中。然而，现代科学告诉我们，光年是距离单位，宇宙深处星星点点射向我们的光线，来自遥远的过去。原来，时空的穿越，不过是俯仰之间。

　　考古，同样是这种俯仰之间的学问，由我们亲手开启的时光之门，将我们带回人类历史中每一个不同的瞬间。而距今 5000 年，就是一个特殊的时间点。

　　放眼世界，5000 年前是个文明诞生的大时代。世界上的几大流域，不约而同地孕育出早期文明，比如尼罗河流域的古埃及文明、两河流域的苏美尔文明、印度河流域的哈拉帕文明。那么，5000 年前的中华文明在哪里？这个问题困扰学界甚久。按照国际上通行的文明标准，城市、文字、青铜器……我们逐一比对，中国的古代文明似乎到出现了甲骨文的商代为止，便再难往前追溯了。

考古学上，我们把文字之前的历史称为"史前"。在中国的史前时代，距今 1 万年以来，在辽阔版图的不同地理单元中，就开始演绎出各具特色的文化序列。考古学上形象地称之为"满天星斗"。然而，中国的史前时代长久以来被低估了。一直以来，我们都是以夏商为文明探源的出发点，以黄河文明作为中华文明的核心，无形中降低了周围地区那些高规格遗迹遗物的历史地位，比如辽西的红山文化、江汉地区的石家河文化、太湖流域的良渚文化、晋南的陶寺文化、陕北的石峁遗址……随着探源脚步的迈进，我们才渐渐发现，"满天星斗"的文化中，有一些已然闪现出文明的火花。"良渚"就是其中一个特殊的个案。

大约在 5300 年前的长江下游地区，突然出现了一个尚玉的考古学文化——良渚文化。尽管在它之前，玉器就已广受尊崇，但在此时却达到空前的繁荣。与以往人们喜爱的装饰玉器不同，良渚人的玉器可不仅仅是美观的需要。这些玉器以玉琮为代表，并与钺、璜、璧、冠状饰、三叉形器、牌饰、锥形器、管等组成了玉礼器系统，或象征身份，或象征权力，或象征财富。那些至高无上的人被埋葬在土筑的高台上，配享的玉器种类一应俱全，显示出死者生前无限的尊贵。礼玉上常见刻绘有"神徽"形象，用以表达良渚人的统一信仰。这些玉器的拥有者是良渚的统治阶级，他们相信自己是神的化身，行使着神的旨意，随葬的玉器种类和数量显示出他们不同的等级和职责范围。我们在杭州余杭的反山、瑶山，常州武进的寺墩，江阴的高城墩，上海的福泉山等遗址中，都发现了极高等级的墓群。这就似乎将良渚文化的分布范围分割成不同的统治中心，呈现出小邦林立的局面。然而，历史偏偏给了余杭一个机会，在反山遗址的周围，越来越多的良渚文化遗址被发现，这种集中分布的遗址群落受到了良好的保护，使得考古工作得以在这片土地上稳步开展。到今天再来回望，这为良渚文明的确立提供了必要的前提。否则，谁会想到零星发现的遗址点，竟然是良渚古城这一王国之都的不同组成部分。

今天，在我们眼前所呈现的，是一个有 8 个故宫那么大的良渚古城（6.3 平方公里）。它有皇城、内城、外城三重结构，有宫殿与王陵，有城墙与护城河，有城内的水路交通体系，有城外的水利系统，作为国都，其规格已绰绰有余。除了文字和青铜器，良渚文化在各个方面均已达到国家文明的要求。其实，只要打开思路，我们会发现，通行的文明标准不应成为判断一个文化是否进入文明社会的生硬公式。青铜器在文明社会中承载的礼制规范的意义，在良渚文化中是体现在玉器上的。文字是记录语言、传承思想文化的工具，在良渚文化中，虽然尚未发现文字系统，但那些镌刻在玉礼器上的标识，也极大程度地统一着人们的思想，而大型建筑工事所反映出的良渚社会超强的组织管理能力，也透露出当时一定存在着某种与文字相当的信息传递方式。因此，良渚古城的发现，使良渚文明的确立一锤定音。

如今，良渚考古已经走过了 80 多个年头。从 1936 年施昕更先生第一次发现良渚的黑皮陶和石质工具开始，到今天我们将其定义成中国古代第一个进入早期国家的区域文明；从 1959 年夏鼐先生提出"良渚文化"的命名，学界逐渐开始了解这一文化的种种个性特点，到今天我们对良渚文明进行多领域、全方位的考古学研究与阐释，良渚的国家形态愈发丰满起来。这一系列丛书，主要是由浙江省文物考古研究所致力于良渚考古的中青年学者，围绕近年来杭州市余杭区瓶窑镇良渚古城遗址的考古发现与研究，集体编纂而成，内含极其庞大的信息量。其中，包含有公众希望了解的良渚古城遗址的方方面面、良渚考古的历程、良渚时期古环境与动植物信息、代表了良渚文明最高等级墓地的反山王陵、为人们津津乐道的良渚高等级玉器、供应日常所需林林总总的良渚陶器……还有专门将良渚置于世界文明古国之林的中外文明比对，以及从媒体人角度看待良渚的妙趣横生的系列报道汇编。相信这套丛书会激起读者对良渚文明的兴趣，从而启发更多的人探索我们的历史。

可能很多人不禁要问：良渚文明和中华文明是什么样的关系？因为在近现代历史的观念里，我们是华夏儿女，我们不知道有一个"良渚"。其实，这不难理解。我们观念里的文明，是夏商以降、周秦汉唐传续至今的，在黄河流域建立政权的国家文明，是大一统的中华文明。考古学界启动"中华文明探源工程"，为的就是了解最初的文明是怎样的形态。因此，我们不该对最初的文明社会有过多的预设。在距今 5000 年的节点上，我们发现了良渚文明是一种区域性的文明。由此推及其他的区域，辽西可能存在红山文明，长江中游可能存在石家河文明，只是因为考古发现的局限，我们还不能确定这些文明形态是否真实。良渚文明在距今 4300 年后渐渐没落了，但文明的因素却随着良渚玉器得到了有序的传承，影响力遍及九州。由此可见，区域性的文明实际上有全局性的影响力。

人类的迁徙、交往，从旧石器时代开始从未间断。不同规模、不同程度、不同形式的人口流动，造成了文化与文化间的碰撞、交流与融合。区域性的文明也是一个动态的过程。目前来看，良渚文明是我们所能确证的中国最早文明，在这之后的 1000 多年，陶寺、石峁、二里头的相继繁荣，使得区域文明的重心不断地发生变化。在这个持续的过程中，礼制规范、等级社会模式、城市架构等文明因素不断地传承、交汇，直至夏商。其实，夏商两支文化也是不同地区各自演进发展所至，夏商的更替，其实也是两个区域性文明的轮流坐庄，只是此时的区域遍及更大的范围，此时的文明正在逐鹿中原。真正大一统的中央集权国家，要从秦朝算起。这样看来，从良渚到商周，正是中华文明从区域性文明向大一统逐步汇聚的一个连续不断的过程，万万不可将之割裂。

2019 年 5 月于良渚

目录 Contents

第一章 那些发现

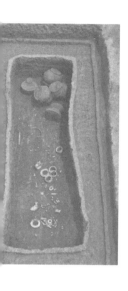

One Dig for Five Millennium:
Liangzhu in the Eyes of an
Archaeological Journalist

一小铲和五千年：考古记者眼中的良渚

第一章　那些发现

一 这六个村庄，曾住着良渚先民

"四年的空缺，也是四年不断的勘探和发掘，等待是值得的。"

2012 年 4 月 13 日下午，"2011 年度全国十大考古新发现"在北京揭晓。继良渚古城被选为"2007 年度全国十大考古新发现"之后，时隔四年，余杭玉架山史前聚落遗址上榜。

记者 ① 给浙江省文物考古研究所副所长刘斌打电话时，他在平静之余，也有一份难言的激动。

"这是目前为止关于良渚文化最大的，也是最完整的记录。"能够从 25 个候选项目中脱颖而出，刘斌认为，玉架山遗址的勘探不是一蹴而就的"突然发现"，其中的持续性和完整性，最艰难，也最烦琐。

玉架山遗址位于余杭经济开发区万陈社区，西距良渚古城 20 千米。经国家文物局批准，浙江省文物考古研究所与中国江南水乡文化

---

① 书中出现的记者为本书作者、《钱江晚报》记者马黎。

博物馆合作，从 2008 年 10 月起，便对玉架山遗址开始进行全面钻探调查与发掘。

刘斌告诉记者，挖到第一个环壕（外围由水系包围的一块土地）后，同一年，他们也挖到了如今命名为"Ⅵ"的环壕，但当时，他们并不能认识和确认它们之间的联系。而后，勘探队以玉架山为中心，又陆续发掘出了四个环壕，直到沿着"环壕Ⅵ"往外挖了三平方千米，还没有发现其他环壕，玉架山聚落遗址的完整性才得以确定。他们这才发现，这六个挨着的环壕，是六个氏族，它们共同组成一个村落，"我们认为它是良渚最基本的社会单元"。(图 1-1)

如何解释这个距今 5000 多年的"聚落"？刘斌给记者打了一个比方：一个城市下面有县，是一级一级往下排的。这个村落，就是5000 多年前这个城市的基本单位，由六个氏族组成，这种形式从良渚文化早期一直延续到晚期。

四年时间，刘斌和他的团队几乎 24 小时都"埋"在了这些墓葬、陶土和玉器之中。如今，勘探结果得到了评选现场 20 位专家以及社会的肯定。(图 1-2)

不过，刘斌心里没有一丝轻松，后续的保护和勘探工作仍然让他十分担心——四年前，在他们的考古力量介入之前，由于当地修路的缘故，有两个"圈"已经被破坏了一部分。目前保存完整的，其实只剩下四个"圈"。

图 1-1　环壕 Ⅵ 东南部：壕沟转角及土台

　　"我们和当地协商，要尽量把它们保护下来。"刘斌有些惋惜，
2011 年余杭茅山良渚遗址中第一次发现了大规模水稻田，但由于当
地的房地产开发，现在那块地上已经在盖房子了。

　　因此，对浙江考古队而言，接下来的保护工作压力更大。"因为
玉架山遗址周围也有稻田，我们必须要保住这些珍贵的'边边角角'。"
刘斌说，接下来，考古队除了对水稻田做研究之外，还计划在此处建
遗址公园、现场博物馆等。

图 1-2 墓 200 平面及随葬品

当然，玉架山遗址的勘探工作也不会因为"上榜"而结束。刘斌告诉记者，遗址还没有完全发掘完。"三公里之外没有，那么八公里之外呢，很可能还有一组。"

（原标题:《这个村生活过六个良渚氏族:"全国十大考古新发现"昨揭晓，浙江玉架山聚落遗址上榜》，2012-04-14）①

---

① 本书中所选文章全部来自《钱江晚报》。

二 我们对良渚文化的了解，还不到 20%

"这是一座男性的墓葬，墓坑中的这些遗物都是随葬品，其中陶器与生活中的实用器有较大的区别，实用器更大更结实。"在一条高高的隔梁上，考古队员把一块不透明黄色塑料布缓缓掀开，一个长方形的墓葬，露出了真面目。除了鼎、豆、罐等陶器外，可以清晰地看到一道一道拱起的"纹路"，那是墓主人残存的骨架。(图 1-3)

在浙江余杭玉架山史前聚落遗址中，这是座新出土的墓葬，被命名为 M326，距今已有 4000 多年。

2012 年 4 月 13 日，"2011 年度全国十大考古新发现"终评结果在北京揭晓。浙江余杭玉架山史前聚落遗址的上榜，使良渚文化研究又向前迈了一大步。

还来不及放松一下，玉架山遗址发掘负责人、浙江省文物考古研究所副研究员楼航又"泡"在了发掘现场里。清理、照相、绘图、编号、起取，对遗址中发掘出的每一个墓葬、房子、灰坑等遗迹，都要

图 1-3　M326 平面及随葬品

做详细的记录，"尽可能还原出当时这个大规模、高等级聚落的完整模样"。

（一）这里曾是什么：玉架山聚落，贯穿良渚文化始终

发现的六个环壕，构成了一个良渚文化的完整聚落，但发掘研究工作还远远没有结束。记者采访当天，还有一个研究人员正在家里修复陶器，做泥巴剔除、拼对、黏合的工作，"之前的工作是以发现为

主，接下来得把活儿做细了"。

记者对楼航进行了采访。

记者（以下简称记）：对当时的居民来说，环壕究竟有什么作用？

楼航（以下简称楼）：这里曾经发生过几次大规模的洪水。良渚人为了躲避洪水，只能把生活场所建筑建高一点。除了依山造址，大多数是采取堆筑土台的形式，这样水才不会漫上来。

这些环壕的平面形状均大致为圆角方形，略呈正南北方向。开挖壕沟的同时，将环壕内部填高，形成可供居住和埋墓的土台，壕沟形成后既可起到防护作用，同时也具有水陆交通和储藏生活用水的功能。良渚人死了之后，也被埋在这里，这次清理出的 400 多座墓葬就是证据。

记：这次还发掘了一个目前为止该遗址最高等级的女性显贵大墓，听说发掘时，还动用了警察保护。

楼：是的。那是在 2010 年 5 月底，这个墓葬从疑似、琢磨、发现到清理完成，前后花了一个多月。开始发掘时，我们始终觉得那块土色有异样，但又找不出清晰完整的墓坑线，反复地铲刮地面，折腾了很久。

后来终于有一天，我们画出了棺、椁、坑线，下狠心要把它挖出来。那天上午快收工的时候，终于发现了陶器。经过仔细清理后，我们发现了琮式镯、平顶透雕刻纹冠状玉梳背等精美器物，从出土的随葬品分析证明，她的身份为女性贵族。

记：玉架山遗址的发现，对于我们研究良渚文化，有些什么帮助？

楼：良渚古城是当时的都城，但是光知道一个城对了解良渚文化的社会结构还不够立体，就像如今的城乡结构，了解了城市后，对郊区、乡镇的分布也应该有了解。我们需要对社会组织、构成和关系，有全面的掌握。玉架山的发现，便是很好的材料。

玉架山遗址展现了良渚文化从早期到晚期的社会形态。如果说良渚古城是当时的政治、经济、文化中心，那么玉架山就是它的附属地，是良渚文化的次级中心聚落。良渚文化跨度有 1000 年，这个聚落也延续了 1000 年，良渚文化贯穿其始终。

（二）价值在哪里：是 5000 年中华文明史的标志之一

玉架山遗址位于余杭经济开发区万陈社区，西距良渚古城 20 千米。经国家文物局批准，浙江省文物考古研究所与中国江南水乡文化博物馆合作，从 2008 年 10 月起，便对玉架山遗址开始全面钻探调查与发掘。

记：现在有一些保护遗址的具体计划吗？

楼：做遗址公园，建一个现场博物馆，都有可能。对于已经了解清楚的墓葬，我们要保护。有一些区域下面可能是墓地，我们暂时可以不挖。今后的任务主要以学术上的突破为主。

记：在玉架山遗址入选"十大"之前，良渚古城也是当年浙江入选的"新发现"，如今的保护现状如何，还有一些新的发现吗？

楼：2007 年我们在良渚古城发现了城墙以后，又发现了城门，找到了它的外郭城，发掘了两个遗址，一个叫美人地，一个叫里山。其中，在美人地发现了良渚古水系、河道分布。还发现在城内一个核心的高土台莫角山，有宫殿的基址，然后对其进行了钻探。

记：对良渚文化的研究持续了 70 多年，最大的收获是什么？

楼：在玉架山周边约 20 平方公里的范围内，经调查和发掘的良渚文化遗址已经有 20 多处，分布还是比较密集的。

良渚古城是一个最高等级的聚落，国际学术界一般都认可的中华文明仅始于殷商时期，距今 3700 年左右，而良渚古城的发现，是证明中华文明有 5000 年历史的标志之一。但经过 70 多年的发掘，我们对良渚文化的了解，有没有 20%，还很难说，空白点还很多。考古就是这样，不知道的永远比知道的要多。

（原标题：《刚刚评上"全国十大考古新发现"的余杭玉架山遗址凭什么获得专家关注，它的价值在哪里 本报记者对话刚刚回杭州的发掘负责人楼航——我们对良渚文化的了解，还不到 20%》，2012-04-19）

三 608个良渚刻符，让考古专家们争论不已

2012年9月27日，由杭州良渚遗址管委会、杭州城市学研究理事会余杭分会主办的"良渚文化刻画符号研究"[①]课题专家会议，在余杭举行。

来自江、浙、沪三地的考古专家、古文字专家等，围绕一些"符号"进行了讨论。

这些符号有些跟甲骨文很相似，比如"王""土""五"，有些跟甲骨文完全不一样。最关键的是，它们中有一些比甲骨文要更早出现。

它们难道就是中国汉字的起源？记者对这个课题研究组的专家进行了独家采访。

......

① 课题最初名为"良渚文化刻划符号研究"，后改为"良渚文化刻画符号研究"，因学界专家认识到，"画"不仅是指彩绘，以工具在器物表面阴刻而成的图案同样是"画"，故而改名。

（一）这些符号，近年来出土很多

20 世纪 60 年代，在良渚文化分布地区，就发现了少量刻画符号的器物，而 90 年代之后，在瓶窑、安溪和良渚地区，围绕良渚古城范围的诸多中心型墓地和居址，出土了大量带有刻画符号的陶器。尤其在嘉兴平湖的庄桥坟墓地，发现的刻画符号数量达到了 200 多个。

据课题组研究人员、来自良渚博物院的夏勇介绍，第二阶段整理工作自 2012 年 8 月开始，共收集器物 534 件，刻符 608 个。2012 年 9 月 27 日的讨论会现场展示了大量有趣的符号，有一些符号一看就可以辨别出来。比如类似花、鸟、龙虾、鳄鱼、毛毛虫的形状，记者还发现一个符号和咬了一口的苹果，惊人相似。

有一些符号，看起来和甲骨文真的很像。

1935 年的时候，考古学家何天行就在良渚发现过一个黑陶盘，上面刻有十几个符号，经过与甲骨文、金文中的符号对照、分析，发现其中七个符号在甲骨文中有同形字，三个在金文中有同形字。而在 2012 年 9 月 27 日展示的刻画符号中，在卞家山出土的夹砂黑陶上的符号，就与甲骨文中的"五"，即 $\mathbf{X}$，很相似。(图 1-4)

图 1-4　卞家山刻符。罐口沿残片，夹砂黑陶。符号位于口沿唇部内壁，
为烧后刻，符号形似"五铢钱"的"五"横置，即 ✕ 横置。

（二）如果它是文字，那比甲骨文早

　　文字是研究人类文明起源的重要标志，经过了从单一的表意符号向成熟的文字系统过渡的阶段。甲骨文距今 3000 多年，是文字的成熟阶段，这是如今毋庸置疑的结论，但是在它之前，还有着起源和过渡时期。那么，这些良渚文化刻画符号，是不是比甲骨文更早的中国文字起源时期的符号？

　　南京博物院考古研究所所长、研究员林留根认为，刻画符号对夏商周文化也产生了一定的影响，但它是不是汉字系统的源头，还很难说。

实际上，在仰韶文化、大汶口文化的遗址中，也发现过刻画符号，它比良渚文化更早，"它们与中原文明的起源更紧密，如果都与甲骨文形体联系起来意义不大"。夏勇说。

至于是谁画下了这些符号，大部分人认为是工匠，林留根认为，不能这样"粗暴"地概括。"写下这些符号的可能是器物的使用者，也可能是器物的继承者，不能说只是工匠，他们可能是脑体结合的高级知识分子，类似乔布斯这样的人。"

（三）这个符号是"鸟"，还是"歌唱"

记者发现，虽然是"刻画符号"的研究课题，但许多专家对这个名称也有一些争议。

浙江省文物考古研究所副所长的刘斌认为，这些符号，有一些是图像，比如鸟、龟、兽等。有一些是记事的，有些是表意的，不能完全用符号来概括，他建议可以称为"良渚图像符号"。

"文字是记录语言的工具，良渚人用符号来记录语言，一旦符号成熟了，就变成了文字。"浙江大学文化遗产研究院院长曹锦炎说，符号是表达某种记号，不是文字。两者之间，不能直接画等号。他给

图 1-5（左） 苏州澄湖遗址：泥质黑陶贯耳壶（侧面）
图 1-6（右） 苏州澄湖遗址：泥质黑陶贯耳壶（正面）

记者举了个例子，像"×"，不是文字，而是符号。比如画了一只鸟，我们可以说是文字"鸟"，但也可以说是文字"歌唱"。

曹锦炎说，这些年发现的刻符里，有些是符号，有些可能是文字。比如苏州澄湖遗址出土的一个泥质黑陶贯耳壶，上面有四个刻符，就可以当作良渚人使用的文字。他认为，如今的研究者，可以去客观描述它，比如它像某种植物，像某种动物，但"千万别过早定论它是什么字。越下结论，错误概率越大，是要闹笑话的"。（图 1-5、图 1-6）

（原标题：《老祖宗留在陶器上的涂涂画画，到底是什么意思 608 个良渚刻符，让考古专家们争论不已》，2012-09-28）

四   神秘竖排的六个符号

2013 年 7 月，浙江省文物考古研究所研究员徐新民在整理一份考古报告，此前，他在平湖庄桥坟遗址的 240 多件器物上，发现了大量刻画符号，更惊喜的事情在后头——两件残断的石钺上，发现了由多个符号组成的"句子"。

古人写下的这批"密码"，究竟是什么意思呢？这让专家很头痛。

但一旦破解了这些"密码"，它的意义就不一般了。因为，如果它和晚 1000 多年的甲骨文之间有某种"血缘关系"的话，它就有可能是中国文字的最初起源。

2013 年，浙江省文物考古研究所副所长刘斌对这堆符号的身份作如下认定："它不一定是汉字系统的，不能简单地和甲骨文对比，只能算是一种原始文字。"

（一）石器上有一些神秘符号让考古专家们纠结了

2012 年，记者曾经参加了"良渚文化刻画符号研究"课题专家会议，看到了研究人员整理出的刻画符号，有花、鸟、龙虾、鳄鱼等，样子形态各有不同。

会议上，专家提到了平湖的庄桥坟，在 2003 年 6 月到 2004 年 10 月，以及 2006 年 5 月到 9 月的两期发掘中，破天荒地发现了 240 多件器物上刻画着各式各样的符号。最罕见的是，其中竟有九个符号是刻在石器上的。

"以前，大部分刻画符号都是在陶器上被发现的，石器上很少有，这说明它们的书写载体是多样化的。"

复旦大学文物与博物馆学系教授高蒙河说，这次批量发现的遗址，堪称探究中国刻画符号和原始文字的典型遗址。

其中，最让专家们感兴趣的，是在两件残断的石钺上，发现了成序排列的符号——这与那些散乱刻下的印记，明显不同。

在其中一块石钺上，记者看到了六个竖排的符号，呈"卜"和"日"的形状，奇怪的是，六个符号，两两重复，成为一个类似"日卜日卜日卜"的句子。

"如果是符号，一般都是单个出现，而且画得很随意。但是这六个字，明显进步得多，笔画、笔顺、构形都有一种规范性。最重要的是，它在一件器物上重复出现，连字成句，这也是原始文字最重要的意义。"徐新民说。

很明显，这些文字已经具有某种语言的记录功能，比一个"勾"、一个"叉"的符号更为成熟，因此专家称它们为原始文字，但究竟这句话说了啥，还真难说。

"它可能已经具有了某种表达语言的功能，有表意的意思在里面，能记载一件事情，像甲骨文一样表示占卜、打猎、收获的意思。但目前，我们连它究竟是什么字还隶定不出，那就更没法解读其中的意思了。"高蒙河说。

（二）刻下原始文字的人一定是脑力劳动者

高蒙河说，刻画符号多是工匠们留下的"签名"，而刻下原始文字的人，则应该具备一定的文化水平，"一定是个脑力劳动者，与刻画符号的普通工匠当属不同阶层，显示出劳心者和劳力者的区别，说明这时已经产生了社会分工"。

有了"文字"的加冕，又比甲骨文早 1000 多年，很多人就容易把它和甲骨文联系起来，认为它是比甲骨文更早的文字。

实际上，这在考古界，是一个尚需要探索的问题。用不少专家的话来说，它们两位，还未必是一家人呢。

"不能简单地和甲骨文比，甲骨文是和汉字系统一脉相承的，有的原始文字虽然看起来像甲骨文，但它只是良渚时期的原始文字。文字，不等同汉字。"浙江大学文化遗产研究院院长、古文字专家曹锦炎对记者说。

也有人认为，刻画符号一步步发展成原始文字，或许慢慢进化成了甲骨文。但高蒙河认为，它们可能是两个不同的家庭谱系，各有各的成长源流和脉络。

比如，在平湖庄桥坟遗址之外，考古界曾在山东龙山文化的丁公遗址，以及江苏龙虬庄遗址，都发现过原始文字，年代也和良渚文化差不多。但高蒙河认为，这些文字，就明显和甲骨文缺少直接的源流关系。

"甲骨文是直线条画出来的块状文字，而丁公遗址等地发现的原始文字，不少是呈曲线笔画的，一团一团的，这种文字再发展，也不太可能成为甲骨文。"

还有一个证据，也说明它们之间没有"先来后到"的关系。

高蒙河说，晚到战国时期，工匠仍然会在器物上刻画符号，而这时明明已经出现了文字，为啥还要画符号？

因此，刻画符号、原始文字和甲骨文之间的"三角恋"，错综复杂，"这就像猴子的进化一样，一部分变成了人，有一部分还是猴子"。

　　至于在庄桥坟发现的原始符号，是不是中国文字的起源，就更不能盲目地下结论了。

　　"中国文字可能是多地区、多起源的，最后，不同的支流一点点统一起来，有的消失了，有的变成了死文字，有的成了甲骨文。"

　　因此，高蒙河认为，中国文字的起源，至少从目前已有的考古发现看，不能用单一的起源说，而应该用多源说。

　　这些刻在石器上的"密码"，谁能破解？

　　（原标题：《它们到底是什么意思？它们是不是汉字的源头？六个符号两两重复，神秘竖排，平湖庄桥坟遗址最新的考古报告，引发又一轮对文字起源的探讨》，2013-07-09）

五　良渚人的朋友圈，流行看图说话

2015 年 5 月 28 日，考古圈出了一本书，故宫博物院、复旦大学、华东师范大学还有浙江考古界的一大批专家都赶到了杭州，为这本书的出版捧场，还聚在一起开了个研讨会。

什么书值得如此兴师动众？

这本名为《良渚文化刻画符号》的图录，包括目前发掘出土的良渚文化时期刻画符号 656 个，符号种类超过 340 种，填补了良渚刻符的研究空白。

那么，既然良渚刻符比甲骨文早 1000 多年，它是不是中国文字的起源？"恐怕还不能这么说。"中国考古学会会长张忠培说。

既然还是个谜，我们不妨脑洞大开——5000 多年前，良渚人没事的时候，就在陶器、石器、玉器上发发朋友圈，他们到底说了点什么呢？

朋友圈里的第一张图，大眼睛，小胡须，貌似猪的鼻子，萌萌哒。看样子，这应该是某种小动物？（图 1-7）

图 1-7　泥质黑陶罐，子母口，口残，黑衣大部分剥落，灰黄色胎体表明陶土质量好、烧制温度高。五个象形动物符号沿腹部一周排列，为烧前刻画。

　　1972 年，有人在江苏澄湖采集到了这个陶罐，口子上已经残破了，但令人惊喜的是，罐身上一圈有五个图案，仔细看，似乎都是不同的动物形象。比如这只，有学者觉得是猫，你看像不像？

　　难道是这个罐的主人的宠物？其实，这些图案都是罐在烧之前刻的，用的是竹管，或者断掉的芦苇管，线条流畅，而且五个图案大小差不多，留白合理，很明显之前已经设计好，不是即兴发挥。

　　鸟崇拜，在新石器时期是很普遍的现象，到了良渚文化时期，更达到一个新高度，到处都是"鸟语"。当然，它不会随随便便出现在

图 1-8（左） 鸟立高台刻符
图 1-9（右） 鸟立高台摹本

图 1-10　浙江平湖庄桥坟遗址出土石钺（右上角有"郑"字）

任何器物上，只会挑高级的地方待，比如玉璧、玉琮上，这是主人身份地位的象征。

朋友圈中第二张图中的这只鸟就被刻在玉璧上，而且还站在一个高台上，高台上还刻了类似龟、蝎子的图形。起的名字很直白：鸟立高台（图 1-8、图 1-9）。这个玉璧可能与祭祀有关，可能是巫师和以鸟形象出现的天神之间交流的密码。

但有意思的是，古埃及第一王朝国王杰特的名字居然就是这个logo！你如果去波士顿美术博物馆，就能在一块陶块上看到这个标志。到底是谁抄袭谁？大家几乎是同时期的小伙伴啊。

看到第三张图中的这个字，不用多说，你一定会脱口而出：这不是"郑"字嘛！（图 1-10）

图 1-11〔左〕 浙江余杭南湖遗址采集圈足罐
图 1-12〔右〕 浙江余杭南湖遗址采集圈足罐上的 12 个刻符

　　这个"字"，就出现在平湖庄桥坟遗址一块石钺的角落上，旁边还有一些凌乱的线条，但仔细看看，又有点像鸟。

　　"郑"只是我们的猜想，良渚刻画符号里，能和现代文字联系在一起的，也就是这个字了。而 656 个符号里，跟甲骨文有点像的，也只有 30 多个。其实，这个看似"郑"的左右两边隔得比较开，中间留的空间有点大，所以这个符号很可能是两个单独符号。

　　人家都是发个图，这个余杭南湖的良渚人居然在圈足罐上发了一句话，12 个"字"！（图 1-11、图 1-12）

　　这是其中一个图案，很明显又是一个小动物，你猜是什么？（图 1-13）

图 1-13　其中一个刻符，为烧后刻画

历史学家李学勤认为是"虎"，只是略瘦弱了点。他还读出了其中八个字：朱旗践石，网虎石封。

这并不能连成一个有完整意思的句子。其实，多个符号成组出现，说明新石器时代晚期的人，已经可以成词成句了，从原始文字的发展阶段来看，已经很高级了，说明那时的良渚人会用符号表述完整的句子了！

只是，他究竟要说什么呢？有专家觉得，可能是"人拿着劳动工具钺去抓老虎"。不过，良渚人不一定是从左到右"打字"的哦。

（原标题：《良渚人的朋友圈，流行看图说话 656 个刻画符号，绕晕一群全国考古专家 新出的这本良渚文化图书都说了些啥，也请你来猜一猜》，2015-05-29）

六　还原一个良渚古人的工作日

　　四五千年前的良渚人，一直过着田园生活。他们吃着菱角、桃核、甜瓜等有机食物，划着独木舟。当然，他们白天也得工作——为皇室贵族建造古城，也就是我们现在说的良渚古城。

　　2013年，距离良渚古城遗址发现已经过去六年。发现古城最重要的证据，就是底部一圈人工堆砌的铺底垫石。这些石头困扰了考古队员很久：它们是从哪里搬来的，从采集到铺石，需要多少工时？所以，2011年以来，他们就开展了良渚古城铺底垫石的鉴定和石源研究课题。

　　2013年3月24日，记者跟着考古队员现场进行了一次模拟运石工作，试图还原良渚古人的工作日。（图1-14—图1-16）

图 1-14（上左） 记者和考古队员一起，模拟良渚古人运石现场（一）

图 1-15（上右） 模拟良渚古人运石现场（二）

图 1-16（下） 模拟良渚古人运石现场（三）

（一）古城底下 1 万多块石头，都来自郊外的大遮山

沿着良渚古城墙走一圈，需要两小时，大约有六公里的距离。当年，为了造城，良渚人铺了密密匝匝的石块，作为建筑的地基，长度有 6000 多米，宽 40～60 米。

"良渚人很聪明，不会大老远搬石头，一般都会选择较近的地方。"

浙江省文物考古研究所研究员王宁远，带着记者来到了距离古城北面，三到四公里的郊外。眼前一座山，横亘蜿蜒，名叫大遮山。2011 年，考古队员就开始研究良渚人采石的地方，最后，他们将目标锁定在大遮山。

这座山被中间的康门水库分成了东西两侧，究竟哪一边，才是良渚人最中意的取石地？

"你看，上面一闪一闪的，像透明玻璃，带点油脂光泽，这是石英啊。"工程师许红根戴着白手套，兴奋地拿起一块石头。记者凑上前一看，阳光下，石头表面嵌入的几颗小亮斑，像水晶一样，闪闪发光。

地质学家花了好几年时间，早把古城发掘地点暴露的一万多块石头都摸透了，还给每块石头编了号作为身份证，并做了"DNA 分析"。结果发现，城墙的基石并没有石英成分，这和大遮山东面的石头成分

图 1-17   良渚古城北墙发现的铺底垫石

完全吻合。"现在基本可以断定，已发掘的北城墙的石块，来自于东面山。"浙江大学地球科学系教授董传万说。

顽石如此坚韧，当年，没有任何金属工具的良渚人，究竟是用什么办法取石头呢？

王宁远说，如果良渚人直接在很硬的基岩上砸，石头的刃口应该非常锋利，有点割手的感觉。而城墙大部分石头并不锋利。这说明，他们不是把石头硬撬下来的，而是等石头滚落之后，直接捡的。

但也有例外，北墙发现了一片非常锋利的铺底石，难道这些，是被他们硬砸下来的？（图 1-17）

图 1-18　考古人员模仿良渚人撬石头

　　为了验证我们的猜测，在东面的另一个山坳，考古队员拿着棍子，爬上山，准备模仿良渚人撬石头。没想到，他用手轻轻一扳，西瓜一般大的石头就轻松滚了下来。石头上尖尖的棱角，让大家有些激动。（图 1-18）

　　"这就很容易解释，北墙的石头为啥有棱角，却没有人工痕迹。"董传万摸着岩块断面上交错的裂纹说，受构造应力作用，完整的岩石被切成了大小不等的碎块。所以，良渚人当时所付出的劳动，不像我们想象的那样复杂，只要沿着裂纹一扳石头就会滚下来，是很省力的。"

（二）花九小时运一船石头造城，工作量巨大

搞清了"石落谁家"，还得弄清楚石头是怎么被搬运的。

王宁远告诉记者，运石头的交通工具，基本可以肯定是竹筏，"竹筏很宽，稳定性好，而且维修方便，不像独木舟，载重小，稳定性差，制作修理也不方便"。

王宁远说，可以参考如今的双溪漂流竹筏，大约 20 根竹子拼在一起，一筏可以坐 10 个人左右，基本上可以运载 2400 斤的物品。

顺着河流，划着竹筏，运上一船石头，到达城墙工地，开始铺石。听起来浪漫，实际上很累。

如果按实际情况，从山脚到城墙有四到五公里路程，相当于打的起步价距离。为了计算方便，考古人员模拟了 100 米的路程、铺两平方米的石头，需要花多久的时间，再通过换算，便能知道一个人一天的工作量。

"如果不吃不喝，理想状态下，一个人完成一船石块的采集运输和铺装工作，大概要做九小时，比现代人的工作时间还要长，而铺完所有石头，需要八万船次。"王宁远说，除了铺石，还有工程更为浩繁的堆土，说明良渚人每天的工作量巨大，加班绝对是家常便饭。

（原标题：《古良渚人的田园生活和工地生活苦不苦 本报记者随浙江省文物考古研究所考古人员——还原一个良渚古人的工作日》，2013-03-25）

七　5000 年前，良渚人的水乡生活

2013 年 8 月 24 日，上海中华艺术宫举行的"世界考古·上海论坛"进入演讲环节。

在这次论坛上，良渚古城入选了世界十大重大田野考古发现，为此，浙江省文物考古研究所副所长刘斌做了一场主题为"寻找消失的文明：良渚古城考古新发现"的演讲，向与会专家们展示了良渚古城水利工程的最新研究成果。

这座发掘于 2007 年的古城，是 5000 年前古人的聚居地。作为江南水乡最早的居民，那时的人们就懂得了充分利用水，在河道纵横的环境中生活、作业、玩耍。刘斌在演讲中告诉大家，那时候的人，出行靠筏、饮水靠井、食物靠稻、灌溉靠坝，总之，一切都与水有关。

"那么，良渚贵族很爱用玉，这么多玉也是从水路运过来的吗？"一位来自美国丹佛大学的评议员对良渚人的水路交通十分好奇，提出了这样的问题。

在解答这个问题前，先让我们来了解一下先人的生活吧。

（一）食物靠稻、灌溉靠坝：水利设施比大禹治水早千年

稻作农业，一直是良渚文化发展的根基，这里是种水稻最理想的地方。良渚人的主食，就是白米饭。2012 年，考古人员在莫角山宫殿区东侧的斜坡上，发现了大量已经炭化的稻米，有两三万斤，应该是宫殿粮仓着火后被废弃的堆积物。

但这里并不是一个适合人居住的地方。

研究员王宁远说，良渚位于太湖平原，海拔只有两米多高，西北为天目山，是浙江的暴雨中心，洪水一来，房子就淹了。

虽然也有笨办法，把房子建高一点，建在土墩上。比如离良渚古城 25 公里的余杭玉架山遗址，就是这样做的。但是，"这只是改变了一个小村落的布局，更重要的是，还得解决长远的区域性防水工程"。刘斌说。

选择住在这里，安全要保证，温饱也得解决，所以，一些聪明的良渚人，开始动脑筋了。

20 世纪 90 年代，考古人员便发现了塘山遗址。它呈长条形，位于良渚遗址群西北部，有一条长 6 公里的水坝，能挡住古城背面从大遮山流下的山洪，将水引向西边，好让古城直接避开山洪的侵袭。

近几年，考古学家又在西北面的大遮山中发现了 10 个人工堆筑的水坝——彭公水坝系统。其中，如今被当地人称作岗公岭、秋坞、

石坞、老虎岭的土坡，就是四五千年前古人堆筑的水坝遗址，长的300米，短的几十米，建于两山之间，而且部分可以和塘山的水坝相连。"这就构成了古城外完整的防洪水利系统，是良渚古城的有机组成部分。"刘斌说。

中国水利史的第一课，都是从大禹治水讲起的，距今4100年到4000年间。可惜，一直没有发现实物。之前现存最早的大型水利工程遗迹，则晚到春秋和战国时期，比如都江堰。如今，榜单又被刷新了，良渚水利设施比大禹治水还早1000年。

（二）出行靠筏、喝水靠井：良渚人伴水而生，与水同存

良渚人的身边，水网河道众多，"城门失火殃及池鱼"这种事，是绝对不会发生的。

考古队员勘探时，曾在四面城墙各发现了两个城门缺口，这八门均为水路通道。

"因为缺口下面是淤泥，又没有石头，所以肯定是一个河道，而且内城河与外城河构成了内外水系，是连通的。"王宁远说，西边还有两个门，如今没法钻探，但通过遥感手段也已经明确是水路。而且，东南侧有两个缺口，现在还有河道贯穿，也就是良渚港，这说明良渚港的基本格局在晚期已经形成。

　　过了 5000 多年，我们还在使用先人留下的河道，不过，一叶扁舟悠然而过的情景早已不是我们的主流生活。但舟船，却是古良渚人最主要的交通工具。

　　其中，独木舟是最普遍的。2010 年，在余杭临平茅山遗址，首次发现了一条良渚文化时期的独木舟，和如今的独木舟样子差不多。

　　除了独木舟，还有竹筏。样子可以参考如今双溪漂流的竹筏，大约 20 根竹子编扎拼在一起，一筏可以坐 10 个人左右，适合在水面宽阔的江河、湖泊及沿海航行。"很宽，稳定性很好，可以用来运石头和烂泥。"王宁远说。

　　良渚人平时就在这古河道里，洗澡、洗碗，偶尔和小伙伴游个泳。王宁远说，水井，也是另一个生活取水地，构造还很考究，用方形木板组成井字形框架，外面再放沙石、陶片过滤淤泥，保持水质干净。有的地方，也发现了石构水井，还有配套的水塘。

　　凡有井水处，皆有良渚人。普通青年，穿着葛麻做的衣服，划着舟船，谈恋爱、看风景；贵族青年呢，打扮是必须的，夏天穿凉快的丝绸衣服，冬天则罩一件保暖的兽皮大衣。女人佩戴玉璜，胸前挂一串管珠串饰，连皮带扣和腰带扣都得是玉做的，然后才能华丽地端坐小舟，出门旅游。

图 1-19 木板护岸

（三）小桥流水人家：5000 年前定下江南水乡基调

小桥流水人家，是江南水乡的基本情调，良渚人在 5000 多年前，就为我们搭好了模板。

2012 年上半年，考古队员在古城东侧的美人地遗址，发现了良渚文化晚期的河道及河岸堆积。良渚人在沼泽中堆筑起了几条东西向的台地作为居住地，在堆筑台地的同时形成了河道水系。这些长条形的台地在使用过程中，逐渐地被一次次地加高和拓宽。河岸采用了以木板作为护岸的做法，形成了人工的垂直河岸（图 1-19），"这样船只便可以直接靠泊在岸边，与目前长江下游地区的江南水乡临河而居的景象十分相似"。刘斌说，良渚古城时期已经形成了江南水乡都市最早的格局。

这就引出了那位美国评议员的问题——良渚人最爱的玉，也靠水路运吗？换言之，水路除了生活之外，也会用作贸易吗？

王宁远说，至今还没有发现商品贸易的确凿证据。"良渚时期的物资流通渠道和方式还不清楚，但中国古代重农抑商，商贸有可能没有西方发达。"

（原标题：《良渚古城入选世界十大重大田野考古发现 出行靠筏、饮水靠井、食物靠稻、灌溉靠坝 五千年前，良渚人的水乡生活》，2013-08-25）

图 1-20　吉如遗址全景

八　杭州拱宸桥边发现良渚文化遗址

2013 年，杭州拱宸桥附近第一次发现了良渚文化遗址。遗址在拱墅区祥符镇吉如村，所以被命名为"吉如遗址"。这个地方听上去像在郊区，但实际上它就在闹市区里——上塘高架通益路附近，周边还有个叫吉如家园小区的楼盘。（图 1-20）

2013 年 5 月，在拓宽河道的施工翻土时，一位退休老师捡到了陶片，杭州市文物考古研究所立刻进行了发掘，果然发现了秘密——

这是良渚人居住的聚落，时间上属于良渚文化中晚期，距今 5000—
4500 年。

2013 年 11 月 20 日，遗址完成了考古发掘，已进行回填保护。

（一）吉如遗址：老城区不断南移的新旁证

虽然这处遗址面积并不大，只有 800 平方米左右，但是它的出现
有点意外——良渚遗址主要集中在余杭良渚、瓶窑一带，尤其是良渚
古城的发现，更是让人们知道了杭州最老的老城区所在。除此，周边
的聚居区一般在以良渚为中心的北面和东面居多，而这处吉如遗址却
是往南十多公里，几乎处于现在杭城的主城区之内。

其实，这不是杭州城区第一次发现良渚遗址。20 世纪 30 年代以
来，古荡老和山（现浙江大学玉泉校区）、半山水田畈，都发现过良
渚人的生活遗迹。如果画张遗址发现图，我们就会看到，杭州城的位
置从 5000 年前开始，就随着陆地的逐渐升高、海水的退却慢慢南移。
从中华文明起源的良渚，到秦汉时期的余杭郡，再到南宋时期的临
安，我们从这些考古发现地点里，一步步地看到了祖先生活水平的进
步和文明的发展。

2013 年夏天，良渚古城入选了世界十大重大田野考古发现，目
前它正在进行世界文化遗产的申报，良渚文化对于世界文明的重要作

用正在不断显现。那么，且让我们看看这处吉如遗址，看看当时平民的生活原貌吧。

（二）新发现：良渚人造房技术已很成熟

吉如遗址中发现的宝贝不算惊艳，属于良渚文化的"标配"，比如罐、盆、壶、鼎等器物，一些生活垃圾，还有一些动物骨骼，有鹿下颌骨、鹿角等。房子也不大，每间在 10 平方米左右。而良渚贵族最爱用的"土豪金"——玉器，在这个遗址里，只发现了一种装饰品玉锥形器。

玉器少，房子小，生活垃圾又不多，距离统治阶层住的高档住宅区——良渚古城还有十几公里，对于出门还要慢悠悠划舟的良渚人来说，这里实在是够偏僻了。所以，可以肯定的是，这处聚居点住的不是贵族，而是平民。

"良渚古城属于良渚遗址中心区域，这里只是外围地区，用的东西和古城中用的有点差别，但是文化面貌是一致的。就好像现在城里的人开车、吃麦当劳，乡村地方也有，就是少了点。"杭州市文物考古研究所副所长郎旭峰打了个比方。

虽然算是良渚时期的乡下地方，但此地的发现，倒可以证明一件事：《史记》里记载了秦始皇缆船石的故事，秦始皇率船队到达钱塘江边时，见水急浪大，一时不能过去，就命令船队开到宝石山的南岸去躲避风浪，并将皇船系缆于一块巨石上。"钱塘江的岸线究竟到哪里，没有人知道。在城北发现遗迹，说明这块区域还没有到钱塘江的岸线边，这里还是适合人居住的。以前，我们的目光都集中在以西以北的地方，现在来到了南边，说明以后的考古工作可以向这边发展。"郎旭峰说。

吉如遗址还有个非常有价值的发现，就是考古队员发现了三道墙基，两边分布着比较规则的柱洞。而这在以往的考古发掘中比较少见。"这说明当时良渚人的房屋营造技术已比较规范、成熟。先挖小坑，用木棍或者木柱支撑墙体，提高承重能力。"考古领队、杭州市文物考古研究所副研究员杨曦说。

（三）良渚文化：还有哪些是我们不了解的

良渚文化主要分布在长江三角洲、太湖流域，而余杭瓶窑、良渚一带的遗址群是特别高级的片区，算得上是首都级别的，遗址分布也特别密集，截至 2013 年 11 月，已经发现了 135 个遗址点。

浙江省文物考古研究所研究员王宁远告诉记者："探索中国早期从原始社会进入文明社会的进程，良渚就是最佳样本，它是一个早期国家，刚从原始社会变成国家形态，究竟是什么原因促使了城市形态的出现，良渚可以告诉我们很多。"

从 1936 年良渚遗址第一次被发现之后，发掘工作至今没有停下。人们发现了玉琮、玉璧、玉钺这些高级礼器，知道了普通青年穿葛麻做的衣服，贵族青年夏天穿丝绸冬天穿兽皮，出行靠筏、饮水靠井、食物靠稻、灌溉靠坝……那么，到底良渚文化还有哪些是我们所不知道的？

"从城市的角度看，我们对于良渚文化的探索才刚起步，不知道的肯定比知道的多。"王宁远说，如今他们只知道良渚古城系统的大略结构，知道中心礼仪建筑和城墙，发现了外郭和外围水利防洪系统的线索。但是，对于城市的功能布局、建筑形态、交通系统知道得不多。

比如，署衙在哪，作坊在哪，仓储区域在哪，房子和宫殿的形态，城门和街道的模样等，还有大量未解之谜。

"进一步说，我们对于良渚时期的社会组织结构和管理模式，城乡的经济和政治关系，如城市平民的职业分工，普通聚落的贡赋制度，家族形态，等等，几乎一无所知。"王宁远说。

（原标题：《杭州拱宸桥边发现良渚文化遗址 退休老师捡到陶片，让距今约四五千年的"吉如遗址"浮出水面，这处位于杭州闹市区的遗址旁证了杭城南迁历史》，2013-11-21）

图 1-21　莫角山西坡木桩及脚手片清理现场

九　5000 年前的这座码头，专供良渚贵族出入宫殿

　　5000 年前的良渚，是正宗的江南水乡，人们出门，一叶扁舟是必需的工具，可以直接脑补威尼斯水城场景。那么，宫里人出行，交通工具会不会更高大上？

2013 年 12 月 13 日，浙江省文物考古研究所传来最新消息：莫角山西南侧——良渚古城的宫殿区附近发现了疑似码头遗迹，清理工作刚刚结束。（图 1-21、图 1-22）

这是良渚古城内，第一次发现或许是通往宫殿、连接内城河的码头。

所以，我们想多了——宫里的人要微服私访、运粮食、搬木头，还得老老实实划舟坐筏。而他们的生活小智慧——造码头搭的脚手片，垒河岸用的草裹泥，5000 年后的我们，还在生活中继续使用。

（一）草裹泥技术，西泠印泥也用过

良渚古城，水路阡陌，纵横交错。2012 年上半年，考古队员在古城东侧的美人地遗址，发现了良渚文化晚期的河道及河岸堆积物，船只可以直接靠泊在岸边，跟目前我们江南水乡临河而居的景象十分相似。

2012 年 11 月，在宫殿区西坡，又一处河岸露出了真容，重要的是，这是用大片草裹泥垒筑的河岸。

草裹泥是什么？

当时的良渚，沼泽丛生，淤泥随处可"淘"，但它软绵绵、湿答答，很容易垮塌。于是，良渚人想到了把草拌进去。

图 1-22　莫角山西坡木椁及漆手片遗迹

"草茎有韧性，又纵横交错，有了草泥就能垒成块状，不松散。"浙江省文物考古研究所研究员王宁远说，这里用的草，是芒草，形状像芦苇，不易断，很有韧劲，而且，被发现时，这些纤细的茎叶，居然没有烂，"这个河岸比较深，距地表有五六米，也可能和这里较湿润有关"。

诗人席慕蓉在诗里，也赞过它："我多希望，有人能陪我走上那长满了芒草的山坡。"那时，良渚城的沼泽地上，也是满眼芒草，有一人多高，人们把它劈成两段，和进淤泥中，堆成了他们每日出行的河岸。

这种草裹泥的工艺，在比良渚时期早两三百年的崧泽末期开始使用，到了良渚时期，便开始大规模流行。这一招，5000年后的我们也一直受益。现在有些农村造房子糊墙时，常要用加入稻草的方式增加黏合度。

有趣的是，它可能还影响了西泠印泥的质量！清代，杭州西泠印社初建，创建人丁辅之、王福庵、叶为铭在研制西泠印泥时，千方百计找了湖北品质上乘的艾草，加入印泥中，凝固能力瞬间提升，成就了"一两黄金一两泥"的美誉。

（二）通往宫殿的码头不止这一个

在这片草裹泥的河岸之下，我们还发现了更熟悉的建筑方法。

图 1-23　莫角山西坡脚手片的现场保护

　　几根粗粗的木桩，底部削尖，被插入原河道的淤积土中，顶部架
着水平分布的横木。木桩下，当年的淤泥地面上又发现了用竹子编成
的大块垫片，跟我们现在造房子要搭的脚手片几乎一模一样，连长度
也差不多，2 米长，1 米多宽，用细竹子编成，跟现在的编法也一样。
（图 1-23）

　　这相当于一座栈桥。

　　王宁远说，当时，良渚人造码头打木桩时，底下都是淤泥，很容易陷下去，所以，他们在上面搭了一块脚手片，连接河岸与宫殿，走在上面，方便劳动。

不过后来，因为居住区扩大，以及河堤外推，码头被废弃了，于是，那大块脚手片，便被丢弃在水底，如今才重见天日。

这座"桥"究竟有多长，现在还无法得知。考古人员只挖了一段，临水处有 11 米多长，但还会有延续，"估计规模不大，比较普通"。王宁远说。

良渚古城的码头，并非第一次被发现。卞家山就曾发现过一处，不过在外郭城，属于平民出入的码头。而通往宫殿的码头，考古人员认为肯定不止这一个，"这是贵族上下宫殿的方式，只要有人的地方，肯定有码头"。王宁远说。

（原标题：《良渚古城考古又有新发现——5000 年前的这座码头专供良渚贵族出入宫殿》，2013-12-14）

十 良渚人的水井

　　每年，考古界有两张榜单备受关注，一张是中国社科院评选的"六大考古新发现"，另一个就是国家文物局主办的"全国十大考古新发现"。

　　2014 年 3 月 13 日，"2013 年度全国十大考古新发现"初评结果揭晓，47 个候选项目中，选出了前 25 强，浙江省有两项上榜，分别是龙游荷花山早期新石器时代遗址和余杭良渚官井头新石器时代遗址。

　　这份榜单中的 25 个项目涵盖了 17 个省市区，商周、秦汉时期的考古成果最多，几乎占据半壁江山。而 2013 年两位红人的墓——隋炀帝墓和上官婉儿墓，此次同时入选。

　　作为浙江入选的"明星"之一，龙游荷花山早期新石器时代遗址，是截至 2014 年 3 月发现的浙江省年代最早的新石器时代遗址群，距今 10000 年至 9000 年。它也是继上山遗址和小黄山遗址之后，第三处被正式发掘的早期新石器时代遗址。

　　这个遗址可以告诉我们：一万年以前的浙江人，究竟怎么生活。2013 年，记者曾跟着考古专家来到现场，发现了不少生活遗物，陶器、石器等，当然，最重要的是吃什么——在石器上，考古队员发现了稻壳。

　　"还不能说稻米是主食，它只是当时人们食物的一部分。但那个时候，人们就开始耕种水稻，而它在食物经济中占的比例不高。人们吃的东西，更多还是靠采集狩猎。"发掘领队、浙江省文物考古研究所研究员蒋乐平说。

　　另一个上榜的余杭良渚官井头新石器时代遗址，离杭州人近一点，就在良渚文化村附近，于 2012 年 3 月到 2013 年 7 月进行了发掘，距今 5000 年前后。比较重要的发现有两个，一个是大墓，共发掘 106 座墓葬，最早的墓葬年代在崧泽文化晚期，最晚的在良渚文化末期。

　　发掘领队、浙江省文物考古研究所研究员赵晔告诉记者，墓葬里发现的玉器最多，一共清理的 1100 多件（组）随葬品里，玉器就有近 700 件，最多一个墓里发现了 50 多件，玉璧、玉璜、梳背、手镯等各种高大上的装饰品，都是当时人们的生活必备品。

　　还有一个发现很有意思——这是一个石砌的生活设施，跟良渚人的生活用水有关。以一个水池为中心，两米开外有一口方形的石构水井，而水池中还有一个口子和排水沟相通。

　　"水井、水池、排水沟随着地势由高到低建造，水质也是渐次降低，良渚人先是把水引进，用于日常洗漱，再把污水排出去，这样的布局非常科学。"赵晔在考古简报中，认为它"是良渚文化考古史上的首次发现"。

　　这些实物的发现，让考古专家对良渚文化发源地有了新的思考。在传统认识里，良渚遗址是以良渚古城为中心的，而官井头遗址与它隔了一片丘陵，以前并不在大家的考虑范围之内。

　　"我们以前一直在丘陵北侧发掘，这次发现原来以南还有更早的遗址，这应该是良渚遗址群孕育发展的源头，也说明可能古城在一开始并不适合人生活。"赵晔说，在这个遗址附近，他们还发现了距今 6000 多年的马家浜遗址，这与良渚遗址群后来的繁荣也有一定的关系。

　　这两个遗址将参与最后"十大"的角逐，最终结果于 2014 年 4 月初在北京揭晓。

　　（原标题:《2013 年度全国十大考古新发现初评结果揭晓，我省龙游、良渚两处遗址入围 25 强，去年两大热点隋炀帝墓和上官婉儿墓同时入选》，2014-03-14）

十一　左崧泽右良渚 两种文化两种风味

"这两只陶龟好可爱，为什么它们要抱在一起呢？"①

"人家恩爱啊，我猜在下面大的这只是母的，在下面的是公的……"（图 1-24—图 1-26）

2014 年 9 月 20 日，"崧泽之美——浙江崧泽文化考古特展"在良渚博物院开幕。展览的主角，是良渚人的"母亲"，距今 6000 年至5300 年的崧泽人。

观众围着这些从杭嘉湖各地出土的 230 多件宝贝，好奇心爆棚，省文物考古研究所副所长刘斌，刚刚做完一场关于崧泽人吃喝拉撒的演讲，又被大家轮流抢去当讲解员，回答各种问题。

作为太湖流域新石器时代两种无缝衔接的文化——崧泽文化和良渚文化，前后差了 1000 多年，但"母亲"与"儿子"的设计品位，

---

① 展览时工作人员将两只陶龟放在了一起。——编者注

图 1-24（上） 南河浜陶龟 M27：14
图 1-25（下） 南河浜陶龟 M27：15

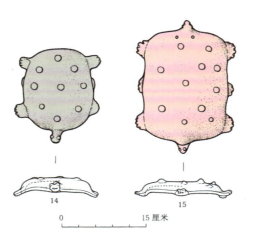

图 1-26　南河浜 M27 一对陶龟线描图（方向明画）

相差实在太多。专家们说，这是因为崧泽文化是新石器时代母系社会
向父系社会的过渡阶段，也就是说，那短短的 600 多年，是女人当家
做主最后的荣光了；另一方面，崧泽文化比良渚文化表现出了更强的
创造力，而良渚文化则相对平稳保守。

　　究竟这对相差 1000 多岁的"母子"，谁更有生活品位，让我们逐
一 PK 一下吧。

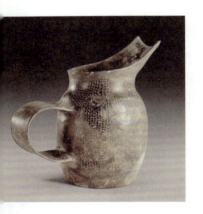

图 1-27（上） 嘉兴博物馆藏鸟形盉（崧泽文化）

图 1-28（下） 细刻纹阔把陶壶（良渚文化）

（一）陶器形象的 PK

上下两件陶器，如果要评一位最佳设计奖，很显然，崧泽的设计获胜。（图 1-27、图 1-28）

首先，从造型上来说，崧泽人把一件普通的盉——水器，做成了鸟形，粗短的脖子，嘴巴微张，表情"呆萌"。虽说这是水器，但装的不是水，那是什么？一定是特别的液体，因为有些盉上面还有滤孔，说明灌水时要过滤，那水器里装的一定不是自来水。而良渚人做的喝水的杯子，工艺明显太简单了些。

崧泽人都是童心未泯的"母亲"，她们做的陶器，很多都是动物形状的，就算不是生活用品，只是一件冥器，也是"卡哇伊"（可爱）风格。比如一件甗鼎盖钮的双兽堆塑，上面是两只不知名的动物纠缠在一块儿，中间是个蒸架，可以蒸东西，但太迷你了，只能蒸一个小笼包。

（二）纹样图案的 PK

再比纹样。

这只"鸟"的身上，还穿了一件如今时尚界很流行的复古粗棒针纹样的"衣服"，这可是一笔一笔刻出来的。当时的竹编，也编成这个样子。再看另一把塔形壶，脖子上还做成镂空的。而同样是壶，良渚人做得笨头笨脑，太过规矩了，难道一进父系社会，东西都因此粗糙了吗？（图1-29、图1-30）

其实，这种镂空的风格，到了良渚已经不太有了。在这短短600多年间，全国陶器界的设计者们竞争非常激烈。北方的彩陶是以色彩取胜的，红、白、黑加少量的黄，色彩明艳。而南方的彩陶行业不发达，拿什么来 PK 呢？

图1-29（上）　南河浜塔形壶
M29：8（崧泽文化）

图1-30（下）　陶壶（良渚文化）

图 1-31（左） 石马兜 M24：2 玉璜（崧泽文化）

图 1-32（右） 玉璜（良渚文化）

　　崧泽人用细腻的线条，尤其是很有意境的镂空，设计出层次感。所以，北方流行烟熏妆，南方的陶器是素颜美女。从这点来看，崧泽文化不愧是母系氏族社会发展到最后阶段的总结。

（三）玉器首饰的 PK

　　前两轮的 PK，良渚人明显处于下风，最后一轮，要比比玉器，（图 1-31、图 1-32）这下他们的腰板可以挺得直直的了——锦衣玉食，说的就是良渚人的生活。但是，这种荣耀感，只限于良渚的男人。

翻翻这几十年良渚遗址的考古成果，会发现大量重量级的玉器，都是男人在用。比如玉钺，是神权与王权的结合；玉琮，那是巫师的法器；还有三叉形器，很威武，是男性首领的头饰。就算是墓地数量，属于女人的也不多，十座墓葬，女人可能只占三座。

而崧泽人的玉器，最重量级的是璜，这是女性首领身份的象征，可以戴在脖子上。虽然有的地方，男人和女人都会用璜，但大部分遗址中的人骨经过鉴定之后，发现用璜的多数是女人。而到了良渚文化时期，璜越来越少，女性也变得越来越没有地位。包括随葬品，一开始女性墓葬里还放了点东西，后面放得越来越少。

比崧泽女人更早的距今七八千年的马家浜女人，就在用玉玦，也就是耳环了，崧泽女人也继续在用，但到了良渚女人那里，基本就没有了。

为啥？流行都是此消彼长的，新东西出现了，老东西不能老守着。

这一轮谁赢了呢？算是一比一平吧。

（原标题：《浙江崧泽文化考古特展开幕 这是早于良渚文化千年的母系文明 左崧泽右良渚 两种文化两种风味》，2014-09-21）

.

十二 良渚王的陪葬，都是限量版

2015 年 4 月，北京大学赛克勒考古与艺术博物馆举办了主题为"权力与信仰：良渚遗址群考古特展"的展览，展出了良渚遗址出土的近 500 件（组）文物。

良渚的东西为啥大老远跑去北京展？其实，10 年前，良渚文化发现 70 周年时，国家博物馆就做过精品展。

又有人会问：像良渚博物院、浙江省博物馆里都能看到良渚的宝贝，和北京这次的展览有什么不同？其实，我们在杭州看到的基本都是挑出来的精品。而良渚贵族墓葬的整墓展出，还是第一次。比如，1986 年反山王陵发掘的墓葬，其中一位王的所有家当，包括破破烂烂的边角料，都一起被搬到北大展出了。

那么，5000 年前，良渚王的葬礼，究竟是什么样的？本次展览的策划之一、浙江省文物考古研究所研究员方向明，还有所长刘斌，给大家说道说道。

请出良渚王之前，先来点前情提要。

　　既然主题叫"权力与信仰"，很自然，良渚贵族，尤其是王才拥有更多的房子车子票子女子。

　　他们住在古城这个市中心，交通、环境、空气，自然比像嘉兴地区这些周边区域好很多。更重要的是，良渚社会将对信仰的高度认同完全付之于高端手工业，这在其他新石器时代考古学文化中绝无仅有。

　　这里说的高端手工业便是玉器行业。像葬在反山王陵里的贵族，用的都是高级货，专业术语叫作透闪石软玉，玉色好，杂质少，数量又多，出土玉器总数有 3700 多件。而葬在文家山里的人，以平民居多，用玉档次低，容易烂和被侵蚀，有的穷人墓陪葬的玉器甚至都是假货。比如嘉兴地区出土的三叉形器中就有不少叶蜡石材质，桐乡新地里清理了良渚文化墓葬 140 座，只有 M108 一座墓葬出土三叉形器，又是档次很低的叶蜡石材质。（图 1-33）

　　再看女人。

　　瑶山遗址，埋的也是大贵族墓，年代比反山遗址稍微早一点，两个遗址都属于良渚早期。墓里排成两排，北边女性，南边男性——因为北边的墓葬里出土了纺轮、璜，这是只有女性才用的东西。

　　但是，两排东西一比较，女性墓里的玉器种类、数量，明显不能和对面的男性比。像 11 号贵族女性墓，有点像太外婆的墓，东西稍微多一点，好像在维护最后一丝女性的尊严。到了反山墓葬，九座

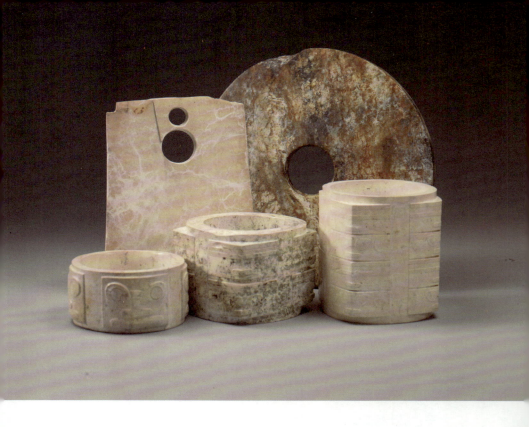

图 1-33　反山、瑶山等出土的玉器

墓里只有两座才是女性。而到了良渚中晚期，高等级的墓葬里已经不太能"容"得下女性了，权力完全掌握在男性手里。但要知道，崧泽文化时代还是女人的天下啊，真是一千年河东，一千年河西啊。（图1-34）

　　剧情说完了，有请主角登场。

　　反山王陵里，有两座墓很有名：12 号墓和 20 号墓。12 号墓里，当年出土了震惊世界的"琮王""钺王"，还有刻满花纹的豪华权杖。

图 1-34　反山 M22 出土的成组龙首纹圆牌（纵向串系，作为女性权贵的挂饰）

图 1-35　反山 M20 墓主头部插件：三叉形器
和中叉上方配伍的玉管

而这次整墓展出的 20 号墓，便是除了 12 号墓之外，等级最高的贵族
墓葬。

一般的贵族墓葬里，像玉钺——代表军事指挥权，玉璧——象
征财富，玉琮——代表神权，这些东西多多少少都会有，但也只有单
件，而一旦成了王，这些东西便很"壕"地成组混搭在头上。

首先是形状蛮像鸟的三叉形器，男人戴在头上，上边多会配有一
个玉管以延伸长度。（图 1-35）这类玉器，在王的所在地数量会比较
多，在嘉兴、桐乡地区这些距离权力中心比较远的墓葬里，数量开始

减少，过了嘉兴地区就不出这类玉器了，江苏人和上海人索性不用。

然后是成组的锥形器。这东西有点像箭，有的一组有九件，数量越多表示墓主人身份越高级。底层平民拥有数量是 0。这一把"箭"，用于装饰在墓主人的头上，但不是直接插，而是装在某个载体上。发掘反山遗址的考古学家王明达认为，这个载体很可能是"箙"，即装弓箭的囊。而锥形器就是箭的礼仪化表现载体。

还有一组东西，20 号墓出土了四件，缝缀在王的高帽上。名字很直白：半圆形饰，样子更直白：四个半圆。但是，这样东西，全世界也只出土了五套，而且只有良渚的反山、瑶山遗址的贵族才拥有。

最后是玉钺。这个像斧头的东西，在男贵族的墓里才有，而王的玉钺，是限量版的，柄两端还配有玉瑁和玉镦，更"土豪"。

看完这些东西，有的人可能会说，良渚人的东西"不好看"，清一色白花花的玉，不够华丽。但是有时候一件白衬衣，要穿出范儿和贵族气，没几个人做得到。看来，王在这方面，很是努力。

（原标题：《良渚贵族墓葬正在北大展出，6 月 20 日结束 良渚王的陪葬，都是限量版》，2015-04-19）

十三　因为良渚的 11 条水坝，中国水利史被改写了

2016 年 3 月 13 日，全国最顶尖的考古专家和水利专家，在杭州聚到了一起。他们是为验证一件事而来，还开了一个会——良渚古城外围水利系统专家论证会。

论证会最后，专家给出了一致的结论：

良渚古城外围水利系统，是迄今所知中国最早的大型水利工程，也是世界最早的水坝系统，设计范围超过 100 平方公里，再次证实了良渚古城具有完整的都城结构，由内而外依次为宫城、王城、外郭城和外围水利系统。（图 1-36）

中国第一，世界第一，历史又一次被良渚人改写了。要知道，在此之前，中国水利史的第一课，是从名气很大的大禹治水讲起的，距今 4000 年左右。但是，那也只是传说，并没有实物，而良渚的水利系统"证据确凿"。

图 1-36　良渚古城及外围水利系统结构

（一）水坝是怎么被发现的？

2007 年，良渚古城被正式发现，而后，考古专家在古城的西北面，发现了 11 条水坝。这不是一次性发现的。其实，早在 20 世纪 90 年代，考古人员就在良渚古城的西北面发现了塘山遗址——它有一条长六公里的水坝，能挡住古城背面从大遮山流下的山洪，将水引向西边，好让古城直接避开山洪。

那时，就有学者认识到，它是良渚时期的水利设施，但都认为它是一个独立的水工遗迹，没想到，它仅仅是整个防洪水利系统中的一环。

要发掘，必须找到位置，不然就是抓瞎。2007 年到 2015 年，便是漫长的勘探调查期。

专家通过科技——观察谷歌地球等遥感手段，发现塘山西侧与毛元岭的自然山体接续后，并不像早前推测的那样往南延伸，而是往西南方向连接狮子山、鲤鱼山、梧桐弄等大小不一的坝体。

然后，他们顺藤摸瓜，搞清楚了良渚古城外围位于西北面的 11 条水坝的位置和结构。为了了解坝体结构，直到 2015 年 7 月，才开始对老虎岭、鲤鱼山、狮子山等水坝进行正式发掘。（图 1-37）

（二）水坝怎么做？

良渚人为什么在建城的时候，同步造水坝？最重要的原因，就是为了抗洪。

他们住的地方，海拔只有两米多高，每到季风季节，西面天目山上形成的山洪倾泻而下，很容易把房子淹掉。所以，良渚人必须建水坝，堵住洪水。

我们在其中一条斜坡前，停了下来，这个地方叫老虎岭水坝。发掘后的水坝，是一个黄土的剖面，下凹的地方，泥中还渗着水。

怎么证明这就是水坝？

图 1-37　老虎岭，专家在观察地层叠压关系

　　考古领队王宁远指着烂泥里一条条白色的细线说："这就是烂掉的草，它混杂着淤泥，包成一块块的泥包，我们叫'草裹泥'，良渚人就是用它堆筑成水坝。"（图 1-38、图 1-39）

　　这和我们在抗洪时，用草包或者编织的袋子装土筑坝，不是一个方法吗？

　　那良渚人是怎么做的？王老师给我们原景重现了一下——

　　良渚人的家，就在沼泽地边，沼泽下面是淤泥，上面长草。哪几种草呢？芦、荻、茅草（现在也很常见哦）。他们把草下淤泥切割下来，裹在草上，再用芦苇绑扎，就好了。

图 1-38（上） 老虎岭坝体中的草裹泥分区情形（白色细线就是烂掉的草）

图 1-39（下） 岗公岭草裹泥暴露情形

　　而且，一路铲过去，草和淤泥都用掉了，这里就变为河道，他们只要把家旁边泊位里的"私家游艇"——小竹筏开过来，把草包运过去，建造水坝的材料就轻松搞定了。

　　这比我们现在吭哧吭哧地挑土更省时省力。"就是一次性做完的事，而且因地制宜，"王宁远说，"草裹泥本身体量很小，又软，可塑性好，与外面草茎贴合紧密，所以堆垒后，完全不会漏水。"

　　更重要的是，经过勘探，考古队员发现，大坝上的草裹泥，全都放在接近引水面的位置，也就是靠近洪水受力比较大的位置，抗洪的作用，一目了然。

（三）为什么是良渚的？

　　要证明这些水坝都是良渚时期的，有两重证据。首先是用科学手段测年，也就是我们常说的碳 14 测年。北京大学惰性气体同位素年代学实验室利用碳 14 测年数据，测了七条坝体的样本，也就是草裹泥的草，结果显示，时间都在距今 5000 年左右，属于良渚文化早中期。

　　数据有了，还不够，最重要的是实物，也就是良渚人当年留下的生活垃圾。

　　比如在塘山上，发现了良渚人的墓葬和玉器作坊，在老虎岭，发现坝上有一条良渚时期的沟，里面有良渚时期的陶器碎片。

所以，毫无疑问，水坝就是良渚的。

（四）能抵御百年一遇的洪水，还方便出行

考古队员发现的 11 条水坝，还不是全部。良渚人想得很周到，根据居住地的海拔高低，把水坝分为两道防护体系：高坝和低坝。高坝主要建在山与山之间的谷口，封堵山谷里的水。低坝把平原上的孤丘连接起来，它围护的地方，是一片巨大的低洼地，可形成面积达九平方公里的二级库区。

问题又来了：在没有任何科技手段的古代，良渚人建的这些水坝，在实际生活中能不能起作用？

中国社科院考古所的专家刘建国、王辉说，他们通过 GIS（地理信息系统）软件对高坝系统进行分析，发现这些坝体可以阻挡短期内870 毫升的连续降水，换算过来，相当于可以抵御本地区百年一遇的洪水。

而良渚人造坝，不光是抗洪，还有一个很重要的作用，运输。说白了，就是方便日常出行。

良渚时期，像车子这种轮式的交通工具，以及配套的道路系统还没有，他们出门除了走路，就是划船走水路了。所以筑坝，可以蓄

图 1-40　垫木上的牛鼻孔

水，而这个库容，可以形成连接多个山谷的水上交通网络。有专家做过测算：像高坝系统里的岗公岭、老虎岭等，满水时，可以沿着山谷航行上溯 1500 米左右。

还有个直接证据，在美人地的很多木桩的垫木上，发现了可以拴船绳的"牛鼻孔"，这说明，木桩都是从水路运过来的。（图 1-40）

想象一下，良渚人开着"私家游艇"的样子，会划独木舟出门。每天，他们就沿着山谷，看沿路风景，谈恋爱，玩漂流，关键是，早晚高峰还不会堵车。

（原标题：《这两天，全国最顶尖的考古学家和水利专家聚会杭州 因为良渚的 11 条水坝，中国水利史改写了 良渚人筑了世界上最早的防洪坝》，2016-03-15）

图 1-41　记者和专家在低坝的良渚鲤鱼山坝体

十四　防洪坝是世界重大的科技考古发现

　　良渚人这盘棋下得很大。

　　11 条水坝的蓄水量加起来，大约相当于 3 个西湖。有着高坝、低坝的严密设计，如何控水？如何运输？面对这样的城市规划，你能感受到它背后的设计者、领头人，需要多么强的组织能力才能完成，他可能就是良渚的大禹。（图 1-41）

"一种文明有多高级，很大程度是看其水管理体系的范围。"浙江省文物考古研究所所长刘斌说。

在 2016 年 3 月 14 日的论证会上，夏商周断代工程首席科学家、北京大学教授李伯谦这样说："100 多平方公里的水利工程，在世界范围看，也不多见。已经发掘的海昏侯墓有很重要的历史意义，但良渚水利工程的历史意义比它更重大，而且也是世界重大的科技发现。"

专家们建议，要尽快把水利系统列入良渚遗址保护范围，并纳入良渚古城申遗价值研究范围。

（一）模仿良渚人治水，大禹成功，老爸失败

看到良渚人治水的聪明才智，昨天之前还是治水第一人的大禹先生，服不服气？

中国的水利史，是从大禹和他老爸鲧开始讲的，距今 4100 年到 4000 年。而良渚文化则是距今 5300—4300 年左右。所以，可以想象：大禹也曾经吸取了良渚人的治水经验。

"良渚人的治水经验，应该在治水传说中留有痕迹。"浙江省文物考古研究所研究员王宁远说，比如体现在鲧和水神共工的治水方面。

不过，这两个人居然都失败了。

《国语·周语》里有句话："昔共工弃此道也，虞于湛乐，淫失其

身，欲壅防百川，堕高堙庳，以害天下。"而"壅防百川，堕高堙庳"（堵塞百川，削平高丘，填满洼地），这八个字就是失败原因。

"从良渚古城的水坝系统看，山谷间的多条高坝为单纯的截水坝，南部的低坝也以把西北山地的来水留在洼地内为设计目标，这就是'壅防'。而良渚时期人工搭的土台，也就是良渚人的房子，基本上都建在沼泽之内，就是'堙庳'了。"王宁远说。

这是为什么？因为不懂变通啊。

王宁远说，大禹时代，当时的洪水并非局部气候灾害引起的，而是由于全球性气候变化导致海平面上升，平原河道出水不畅，形成逆流。所以，良渚人在沼泽平原上摸索出来的这套治水系统，被鲧照搬到没有海塘防护且海拔较高的中原地区，根本就是无效劳动，当然"害天下"。而大禹采取了堵疏结合的方法，就成功了。

（二）治水与文明的产生相关，证实良渚已经进入王国阶段

在论证会上，复旦大学教授高蒙河建议，在这次重大发现的意义里，应该再加一句：低坝设计建筑，代表了当时大型堆筑水利结构的最高水平。

那么，我们来看看"当时"——

跟良渚古城同龄的小伙伴，就是埃及金字塔了，都在距今 5300

年到 4300 年之间。而古埃及的水利系统主要是运河和蓄水池，与良渚古城的水坝并没有可比性。所以就防水坝来讲，目前世界上没有比良渚人更早的了。

在国际学术界，许多专家都把大型水利工程和文明的产生、国家的形成联系起来。比如马克思，他认为，以治水工程为代表的大型公共工程和文明的产生有密切关系。还有一位历史学家魏特夫，说得更绝对：治水是促使文明产生的直接动因。

"治水需要一个总设计师，治水，就是因共同协作而呈现的文明。"刘斌说。

在论证会最后，专家们这样确证：这一发现，进一步证实良渚社会已进入王国阶段，其价值可与同时期的其他世界文明媲美。

（三）江南水乡的人居生活，是良渚人奠定的

那么，5000 多年前浙江人门口的水利工程，跟人民的生活又有什么关系？

要知道，良渚人生活的太湖平原是一个水旱灾害频繁的地区。

但是良渚人很聪明，把房子建高一点，堆土墩子，一来不会被水淹，更重要的是，堆墩所需的土挖出来的空缺形成了河道、池塘，河网密集了，水稻就能种在村子周围。

　　这个模式，就是考古学家所说的散点状密集分布的小聚落。"良渚的聚落特征和现在的江南很像，所以说，江南水乡人居生活模式，是良渚人奠定的，5000 年来没有变过。"王宁远说。

　　（原标题:《在论证会上，专业研究者给出的评价非常高　防洪坝是世界重大的科技考古发现　专家确证：已进入王国阶段的良渚社会可与同时期世界文明媲美》，2016-03-15）

十五　一大堆网红里，没想到良渚人逆袭了

2016 年 5 月 15 日，考古界一年一度的"奥斯卡"——"2015 年度全国十大考古新发现"终评会在北京举行。

经过前面两轮初评，有 25 个项目入围终评，在一天半的时间里终极 PK。2016 年 5 月 16 日下午 4 点半，现场公布 TOP10 结果。

这次评测，浙江有三个项目入围，而且全是大咖——余杭良渚古城外围大型水利工程的调查与发掘、绍兴越国王陵及贵族墓考古调查与勘探、杭州南宋临安城址。其数目在入围省份里，和湖北并列第一。

这次入围名单中，"网红"太多，海昏侯墓、三星堆遗址、广富林遗址、丹东一号……竞争激烈。出场顺序是按照年代排序的，年代久远的先出场，最大的"网红"海昏侯压轴。

比海昏侯刘贺资格老太多，距今 5000 年左右的"良渚人"，自然排在上午。有意思的是，在世界最早的良渚防洪坝之前出场的两位——上海松江广富林遗址，江苏兴化、东台蒋庄遗址，居然都是自己人——也是良渚文化遗址。这是普通人光看名单看不出的。

于是，江浙沪"包邮区"的考古学家，成功占据现场半壁江山，

上演逆袭。

广富林遗址发现于 1959 年，著名的"广富林文化"就是以它命名的。但 2014 年到 2015 年，考古队员又发现一处崧泽—良渚文化墓地，墓葬 103 座。考古领队陈杰晒出一张图，大家立马被惊到了：一大片墓中，人体骨骼清晰可见。

"通过对头骨的复原，我们对当时人类的体质特征有初步的了解。比如，他们有拔牙的习俗，还有一处韧带压痕，这跟划船行为有关；另外，他们有颈椎疾病，我们还发现了可能是东亚地区最早的因为结核病造成的脊椎变形。"陈杰的"诊断"，让大家很感兴趣。

而东台蒋庄遗址在 2011 年刚被发现时，就震撼了很多人，因为它更新了我们的记忆条——过去，学界传统观点认为，良渚文化的范围以环太湖为主，向北不超过长江，但它的发现，填补了长江以北地区良渚文化考古发现的空白。

"（东台蒋庄遗址由）阿甘（考古领队甘恢元，圈里都叫他'阿甘'）汇报，他经历过大场面演讲，不紧不慢。"浙江省文物考古研究所研究员方向明，在朋友圈现场直播。

"墓地中发现无首、独臂、无掌或身首分离以及随葬头颅的现象很多，可能与战争有关，换言之，他们是捍卫良渚王国的英雄。"阿甘晒出几张人骨遗骸图。阿甘解释道，良渚以北，是强势的大汶口文化，最鼎盛时期直达淮河北岸，这两大文化在淮河以北区域可能曾经发生过正面冲突。

到 2016 年 4 月为止，蒋庄遗址良渚文化墓地共清理墓葬 284 座，是良渚文化迄今为止发现保存骨骸最为完整和丰富的墓地。

听到这里，我们良渚核心区——良渚古城里的"王"，必须出来镇场了。

良渚古城外围水利系统是迄今所知中国最早的大型水利工程，也是世界最早的水坝系统，设计范围超过 100 平方公里，再次证实了良渚古城具有完整的都城结构。

"这个发现非常重要。"专家的第一句话，让人吃了一颗定心丸。答辩时间，专家组有点兴奋，讨论停不下来，使得主持人不得不一次次打断讨论。

终于，刘贺"来了"。不知是不是因为出镜率太高，再加上领队杨军的汇报已经在不同场合出现了 N 多遍，现场非常平静。关于内棺的最新发掘情况，杨军也是一笔带过。

而 PK 结束后，浙江省文物考古研究所考古队员的朋友圈，就先被一个好消息刷屏——"2011—2015 年度中国田野考古奖"获奖名单出炉，这个奖在业内是最高奖：余杭良渚古城外围大型水利工程的调查与发掘获得一等奖，绍兴越国王陵及贵族墓考古调查与勘探获得三等奖。

（原标题:《2015 年度全国十大考古新发现昨起终极 PK，今天揭晓结果 一大堆网红里，没想到良渚人逆袭了 》，2016-05-16）

十六　良渚人事了拂衣去，深藏功与名

2016 年 5 月 16 日下午 4 点半，经过两天的现场演示和评委会投票，"2015 年度全国十大考古新发现"的最终结果在北京揭晓。浙江余杭良渚古城外围大型水利工程的调查与发掘入选"十大"，一度"网红"的江西海昏侯考古也名列其中。

"良渚人'事了拂衣去，深藏功与名'，考古人 80 年不断追寻，终于吹去 5000 年的尘土，展现良渚人的梦想与荣光。"

作为世界上最早的防洪坝，良渚这个项目入选"十大"，可以说在很多人的意料之中，不过，考古领队、浙江省文物考古研究所研究员王宁远，还是有些激动，在朋友圈发了这样一句很文艺的"获奖感言"。

这是有原因的。2016 年，正好是良渚考古 80 周年，也是良渚古城被发现 10 周年。

"被评上'十大'，说明良渚文化从重要性和价值上，得到了全国考古学界的认可，同时也是对良渚文化发现 80 年的献礼。"浙江省文

物考古研究所所长刘斌说。

（一）良渚给浙江的惊喜：80年，从夏商周探到了史前考古

发布会结束后，刘所长赶紧给江苏兴化、东台蒋庄遗址的林留根所长和"阿甘"领队打电话，喊他们来合照，因为，同样属于良渚文化遗址的蒋庄，也入选了"十大"。一位80后考古队员在朋友圈感叹：大良渚双喜临门。

"良渚现象"也引起了现场专家组和媒体的关注。"良渚在浙江已经评过好几次十大发现了，这一回，它如果只是比较重要，不是非常突出的话，我们肯定不会选它。但是，它太突出了，"北京大学考古文博学院资深教授严文明说，"我们有大禹治水的传说，但很多人怀疑那个时候大禹没有这么强的能力，良渚水利工程比大禹治水早一千多年，所以大禹治水的传说，绝不是空穴来风。"

1936年11月，西湖博物馆的一位普通职员施昕更，也是良渚镇人，他通过考古学手段（考古试掘），在棋盘坟进行了第一次发掘，出土了大批陶器，成为良渚遗址的发现人。

80年前，考古学在中国才刚刚起步，考古学者对于中国各个阶段，尤其是夏商周以前的历史，认识非常模糊。

刘斌说，80年前良渚考古的起步，也是中国整个史前考古学的初

期阶段，"我们经过了 80 年的努力，在长江下游的太湖流域建立起了从 7000 年前的马家浜文化到崧泽文化、良渚文化和钱山漾—广富林文化的新石器时代文化谱系，展现了从一万年前到夏商周时代的人类的生活面貌"。

2007 年，良渚古城被发现，2015 年古城外围水利系统得到了确认。"这样在良渚一带逐渐勾画出了一个国家体系，有贵族墓地、平民墓地、宫殿区、城内外的功能分区，一步步实证了中华 5000 年文明。"刘斌说。

（二）良渚考古还在继续，未来还有更多发布

考古的目的，不是挖一堆宝物，而是恢复历史，透物见人。刘斌说，他们发掘这样一个大遗址，经常要想它的土和石头是从哪里弄来的等诸如此类的问题。古城和水利系统的发现，就是一直在寻找的结果。

刘斌说，2016 年 4 月，伦敦大学召开了水管理和世界文明的会议，对于良渚的水利系统，世界都很关注。剑桥大学考古学家伦福儒专门写了一篇文章，题目为《被远远低估的中国新石器时代》。由于良渚这些年一系列的重要发现，世界考古界开始重新审视中国商代以前的历史。

　　虽然评上"十大",但对良渚水利系统的发掘和研究,远远没有结束。

　　"发掘出来的水坝如何运行,在当时有什么功能,找到这些问题的答案或者还会找到新的水坝。推测出水坝灌溉到哪里,我们就可以寻找到当地是否存在稻田。既然能形成水坝,就会有库区,通过库区内发掘出的堆积物、微生物,就可以还原出库区的面貌。"刘斌说,未来要做的事,还有很多。

　　而从 2015 年开始,余杭良渚遗址管委会已经把良渚水利系统纳入良渚的保护管理体系中,接下来,文物部门、余杭当地政府将对良渚保护区的范围做出适当调整,给新发现的水利系统一个"名分",保护的责任更重了。

　　这就是考古工作——别的工作,完成一样,减少一样,而考古,每做一样,就会多出更多的问题等着考古学家们来回答。

　　(原标题:《2015 年度全国十大考古新发现揭晓,良渚水利系统入选 比大禹治水还早一千年,良渚水利考古展现荣光 5000 年前的水坝如何运行,库区里还藏着哪些秘密,等待我们继续去发掘》,2016-05-17)

十七 古城内住着王族、工匠，还有吃小米的北方人

2016 年 11 月，是良渚遗址考古 80 年的纪念日，良渚遗址考古发现 80 周年研讨会举行，《良渚考古八十年》出版，良渚博物院还同时开幕了"王国气象——纪念良渚遗址发现 80 周年特展"，而刘斌从 1985 年来杭州，与良渚打交道也 30 年了。"以前是逐渐发现良渚文化面貌的阶段，而现在，我们是在逐渐解读一个社会、环境，已经开始进入一个新时代的思考。"

他说，80 年纪念日的开始，也是良渚遗址下一步新工作的开始。在和记者的聊天中，他也剧透了很多这段日子良渚遗址发掘的"干货"。

记者（以下简称记）：很多普通人都想知道，80 年了，考古界对于良渚文化的认识，是一个怎样的变化过程？

刘斌（以下简称刘）：2006 年到 2007 年，我们发现了良渚古城，2015 年，我们又对良渚古城外围水利系统进行了发掘，相距正好是 10 年。通过这 10 年的努力，良渚遗址的考古进入了一个按计划进行

考古研究的新阶段，我们在良渚一带逐渐勾画出了一个规模宏大的国家体系，城内外有宫殿区、城墙、外郭，发现了王陵、贵族墓地、平民墓地、观象台和玉器作坊，古城系统的各个功能分区已经越来越清晰，正是这些考古成果一步步实证了中华五千年文明。

记：大家都很关心的良渚申遗的进度，现在到哪一步了？

刘：良渚国家考古遗址公园的建设，正在紧张进行中，这是慢工细活，急不来。按照我们的设想，良渚国家考古遗址公园建设的目标是把古城原有的布局展示出来，让观众在游玩过程中可以直观地了解到良渚古城的结构和功能分区。浙江省、杭州市和余杭区政府已经定下了 2019 年申遗的目标，希望在"十三五"期间能够完成良渚申遗的目标。

记：说到"十三五"规划，这也是个新闻，良渚遗址被列入大遗址保护专项规划里，有没有具体的计划呢？

刘："十三五"是良渚古城遗址考古一个新的起点。我们在国家文物局支持下，准备在长江下游地区开展以良渚遗址牵头的中国早期文明模式的研究。这是一个跨省的大课题，我们会以长江下游浙江、江苏、上海、安徽、江西等地区为主，研究长江下游地区崧泽文化到良渚文化这一区域文明的演进和发展模式等相关问题。浙江地区的研究主要以余杭 1000 平方公里盆地的全面调查为主要切入点。换句话说，良渚作为一个王国来讲，可以统治整个太湖地区，但真正的核心区是包括古城、水利系统和外围郊区的 100 平方公里，我们已经基本搞清楚了布局。接下去，要研究整个以余杭为主的 1000 平方公里范围，这可以说是良渚古城的腹地，我们计划对这一区域开展社会、文化、环境等全方位的研究。这是支撑我们认识良渚王国的一个核心区域。

记：这段日子，我们的发掘有什么新发现吗？

刘：考古队员继续在良渚古城城内和水利系统两个区块分头进行考古发掘工作。现在城内的发现，大大超出了我们预期。

记：能剧透下吗？

刘：我们发现的一些线索显示，良渚都城内有来自四面八方的人在这里生活过，而且城内可能分布着不少作坊区。

记：比如，城里到底住着谁？

刘：2015 年以来我们发掘了钟家港（图 1-42），这是位于莫角山东面的一条南北向的古河道，在河道废弃堆积中发现了大量玉料、玉石钻芯、燧石等跟制玉有关的遗物，同时也发现一些木器坯件，因此我们推测此地存在制玉作坊和漆木器作坊。根据这个线索，我们意识到外郭城的范围内，住着大量工匠。这一发现使我们对古城城内的布局、功能和性质有了更清楚的认识——中间是宫殿区、王陵及贵族墓地，这是统治者居住和埋葬的场所，其余部分可能是各类作坊区。我们在外郭城里面做了仔细的钻探分析，发现外郭以内并不种稻，说明这个范围内居住的人群应该是不从事农业生产的。

图 1-42　钟家港河岸

　　另外，我们在卞家山、西城墙葡萄畈段的古河道里，都发现了非正常死亡的人的人骨，其中有些人骨检测出来的结果显示，这人吃的不是大米，而是小米之类的，可能是从北方过来的。我们需要进一步研究他们是不是被杀害的？或者是用来祭天的？

　　良渚人总体上还是非常和平的民族，很少有杀戮，我们只在少数遗址中看到暴力的痕迹，比如江苏蒋庄遗址的部分墓葬里随葬了人头骨。但是说起来，那里基本上算是良渚王国的边境地区，存在暴力事件也很好理解。

　　但最近我们在钟家港河道里，也发现了好多人头骨，这牵扯到一些很有意思的问题。不过，现在不能剧透，我们会在下个月举行的年度考古分享会上跟大家公布。

记：听起来很吸引人。良渚这些年为何会受到这么大的关注？

刘：人类的社会发展有很多共性。人类发展到距今 5000 年左右的时候，开始产生国家，走向文明，比如古埃及。中国如果没有发现距今 5000 年的王国和文明，怎么能证实中国同样有 5000 年文明的历史呢？

良渚文明的发现证实中国的文明从世界范围来看不是另类的存在。夏商周是距今 4000 年开始建国的，所以距今 5000 年是个非常重要的时间点，如果良渚是距今 3000 年前的遗址，那受关注的程度会低很多。

我们过去经常套用西方社会总结出来的国家和文明的几个要素，比如城市、文字、青铜器之类。现在我们发现中国的早期文明未必适用于这种标准，国外的考古学家们也开始反思，开始摒弃这些早年归纳出来的标准了。现在我们要根据良渚等中国早期文明的发现，来总结什么是中国文明的要素和自身特色。换句话说，我们在研究文明起源方面，需要总结中国的模式，这是日后比较重要的研究问题。

（原标题：《浙江省文物考古研究所所长刘斌，抖出许多良渚考古的"干货"　古城内住着王族、工匠，还有吃小米的北方人　良渚的"实证"意义越来越显著》，2016-11-27）

十八 良渚王国神秘消失，良渚人去了哪里

2017 年 12 月 4 日，周一，按道理是博物馆的闭馆日，但杭州南山路上的西湖博物馆这天开了门，这是为了谁？

对于这一问题，遂昌好川村的好川人表示很骄傲。

4000 多年前，这里的主人到底发生了什么故事，早已被淹没在远山之中，这些年也很少有人知道。但从 2017 年 12 月 4 日开始到 2018 年 1 月 30 日，西湖博物馆有一个展览，名为"远山里的印迹——好川文化发现 20 周年特展"，就专门要讲讲好川人的故事。

我们熟悉上山文化、跨湖桥文化、良渚文化，好川文化这个名字，对大部分人来说，太过陌生了，我们先把背景给大家说说。

1997 年，浙江省文物考古研究所与遂昌县文物管理委员会，对位于遂昌县好川村岭头岗的好川墓地，进行了抢救性发掘，清理墓葬 80 座，灰坑 3 个。它上接良渚文化，下接马桥文化，2017 年，正好是好川文化发现 20 周年。

良渚人跟好川人很亲密，用当年考古领队、浙江省文物考古研究

所副所长王海明的话来说：好川人是良渚人的"外甥"。

果然，开幕一大早，好多"亲戚"都来了——许多研究良渚文化的考古专家，都要来看一看这位"外甥"，一直关心良渚文化的北京大学资深教授严文明也来了。

好川人和良渚人究竟有什么关系？

开幕前几天，很多专家在朋友圈，用各种有趣的文字，给我们做了剧透，比如这样文艺范的：

"逶迤绵延的仙霞岭，山间丘陵的岭头岗，好川。4300年前，良渚晚期，到底发生了什么？好川，原来的主人，是谁？那里，毗邻赣闽，他们有多大的地盘？20年过去了，西湖博物馆，他们聚，我们也聚。"

我们大概已经知道了剧情走向：良渚文化晚期，也就是良渚先民走到了历史进程的最后时刻，他们去了哪儿？好川，一定是重要的去向之一。

那么，证据在哪里？

展览展出的200多件（套）文物，比如石器、陶器、玉器、漆器，默默讲述着一切。

(一)指甲大小的玉片上,藏着良渚文化的 DNA

1997 年 4 月,好川村岭头岗的一块地本是村里的茶园,当时茶叶行业不景气,村民想把茶园改成水田,已经做好水渠,在用推土机作业的时候,发现了不对劲,一推推出了好多陶片。

当时,从杭州到好川交通很不方便,浙江省文物考古研究所所长刘斌和副所长王海明坐了一夜的车才到。他们发现岗顶上有一大片墓地。其中,有 23 座墓葬随葬着一种非常特殊的器物,共发现了 26 件,出土时仅见红色漆痕。但最重要的是,大家发现,它们的表面大部分镶嵌或黏附着各种不同形态的几何形石片、几何形曲面玉片。

这个嵌玉 + 漆器的组合,似曾相识啊。

浙江省博物馆就藏着嵌玉漆器,它在反山墓地、瑶山墓地、福泉山墓地中都有发现。而好川发现的镶嵌玉(石)饰片的漆器的整体形状,与体现良渚文化的卞家山遗址中出土的漆觚十分相似。

这还不是关键证据。

这次展览小册子的封面上,印着一枚小小的玉片,这是一个台阶的玉片,最让专家兴奋的,是三个台阶的。

M60 墓地,是好川墓葬群中最大的合葬墓,专家也发现了 22 片不同形状平面、曲面的玉片,其中,两片有着特殊形态的三台阶状玉片,就跟成人的大拇指指甲差不多大。

如果你熟悉良渚文化就应该知道，有一个标志性的刻画符号经常会出现在良渚高等级的玉璧上——一只小鸟，站在三个台阶的祭坛上。

而这些指甲大小的玉片，恰恰是三重台阶状（祭坛状）的，跟良渚刻符一模一样，这正是好川文化与良渚文化密切关系的重要实物证据。

刘斌说，好川的文化面貌，初看很独特，但我们能找到它与前后时期文化的联系，比如鬶（guī，一种炊煮器）、豆（一种盛肉或其他食品的容器）很多，这些器物在良渚文化晚期就开始有了，说明是一脉相承的。（图 1-43）

"考古是认东西，以前我们发现的东西，很多都不知道是哪个年代的，如果没有好川的发现，我们看到印纹陶，就把它放到夏代，放到马桥文化 ① 中去了。"刘斌说。

----

① 马桥文化，因这类遗存最早发现于上海马桥遗址中层而得名。从年代上讲，马桥文化紧接着良渚文化，但两者在文化面貌上截然不同。

图 1-43　好川 M18 墓葬出土的鬶

（二）命名为好川文化，要具备三个要素

2001 年出版的《好川墓地》发掘报告，系统全面地公布了好川墓地 80 座墓葬的全部资料，专家在对全部考古资料进行分析梳理的基础上提出了"好川文化"——以浙江遂昌好川遗址为命名来源，并认为其出现的相对年代为良渚文化晚期，起始距今 4300 年。

很多人会有一个疑问，一种"文化"能够被命名，需要哪些条件？

夏鼐先生提出了考古学中文化被命名的一些原则，并写成《关于考古学上文化的定名问题》一文公开发表。[①] 中国考古学界一直以他的意见作为指导，命名了一系列考古学文化，比如我们的良渚文化。

考古专家王明达认为，一种文化可以被命名一般有三个要素，"有一定的空间（地域）范围，有一定的时间（年代）跨度，有一定的文化特征的遗迹遗物，例如一组有特征的陶器，例如玉琮、玉璧、玉钺等玉礼器"。

更重要的是，在好川墓地被发现之后，2002 年的温州曹湾山好川文化聚落遗址，以及 2004 年好川岭头岗东北坡平民墓地的发掘，

---

① 夏鼐：《关于考古学上文化的定名问题》，《考古》，1959 年第 4 期。

更是丰富了好川文化的内涵。

而 2017 年，江山山崖尾遗址好川文化墓葬也再次进行了调查勘探，墓葬形制和好川墓地相同，呈方形。浙江省文物考古研究所研究员方向明说，1979 年，考古学家牟永抗先生便在江山做古遗址古墓葬调查，对于山崖尾遗址的灰坑单元，他很明确地表示：这和良渚有关。

因此，好川墓地、曹湾山遗址、山崖尾遗址是好川文化三个不同聚落等级的典型代表。如此一来，代表好川文化的地理范围就更大了，从仙霞岭的中心，一直延伸到瓯江。

良渚文化、好川文化与周边多种文化的相互碰撞、交流、融合、吸收，也许正是中国史前文化发展的一个典型特征。因此在这次展览上，我们还能看到大汶口文化、昙石山文化、石峡文化、江西广丰社山头遗址的器物，帮助我们理解各种不同考古学文化之间的关系。

（三）良渚人去了哪里？好川是最重要目的地之一

而好川文化既然出现在良渚时代的晚期，很多人都会把良渚人的消失，跟好川人的出现联系在一起。

"5300 年前良渚先民建立了中国第一个神王之国，开创了中华5000 年文明历史的序幕。也许是一场历时多年的大洪水，导致了良渚文明的衰落。4000多年前，良渚王国神秘消失。几乎同时，浙南山区的崇山峻岭中，一个叫好川的地方，赫然出现良渚人的足迹。其间发生了怎样的故事？"杭州良渚遗址管理区党工委副书记、良渚遗址管委会副主任陈寿田在朋友圈写了这样一段悬疑味的解读。

当年发掘时，王海明也还很感慨地写过一首诗，大意是：良渚人往哪里去，往深山大坳里去。

"原来我们对良渚人的后续去向不是很明确，现在至少知道有一支，沿着钱塘江往好川方向走了。我们的理解是，当地应该是有部族的，良渚人到了那里，慢慢被当地同化了，良渚自身的因素越来越弱，当地因素越来越强了。"王海明说。

王明达说，我们可以这样理解：良渚文化的"近亲"到了好川、温州，如果用学术语言来表达，那就是良渚文化的去向，现在找到了最重要的目的地之一。

"因为良渚文化的特征在南面富阳、永康、桐庐地区也有体现，浦江其实也有，但是面貌发生了一点变化。"比如说良渚文化时期的墓葬无一例外都是南北向的，但是好川文化时期的墓葬统统都是东西向的。

"不能说好川文化的出现，就意味着良渚文化的消失。我们现在能证明，距今4300年前，良渚古城还是很辉煌的，但后来它消失了。但良渚人不可能无缘无故失踪，他们有一部分人是往北过了长江。过去学界传统观点认为，良渚文化的范围以环太湖为主，向北不超过长江，但当 2011 年位于江苏兴化和东台交界的蒋庄遗址被发现时，填补了长江以北地区良渚文化考古发现的空白。还有一部分人，就是沿着钱塘江往浙西南走了。"浙江省文物考古研究所研究员方向明指着一件麻花一样的曲面玉片说，"好川人的琢玉技术很发达，比良渚人又提高了一步"。

"这就说明，良渚时期之后，文化和社会，肯定是进步了。"刘斌说，就拿台型玉片来说，从温州、丽水，一直到山东，在那么大的范围里它都出现了，说明这些地区的人们在信仰上是一脉相承的，社会一定是进步的。

（原标题：《良渚王国神秘消失，良渚人去了哪里？西湖边的这个展览告诉你：遂冒山里头的好川人藏着良渚的 DNA》，2017-12-05）

十九　闭馆 315 天后，良渚博物院华丽蝶变

闭馆提升改造 315 天之后，2018 年 6 月 25 日下午 1 点半，良渚博物院重新开馆，朋友圈的打卡圣地又回来了。

蝶变。记者在重新亮相的三大展厅泡了几天，感受到的是这两个字。

良渚博物院是 10 年前——2008 年开馆的，也就是说，它的基本陈列展示出的，仅仅是 2008 年之前对良渚古城的考古认识。而这 10 年，恰是良渚古城考古发现最多、理念革新、国际影响力和知名度越来越高的 10 年。

原本博物院的展厅，分为常设展和临展厅。常设展，就是我们说的良渚"基本款"，包括对良渚文化的介绍和考古发现、研究这三大展厅。而这一次改造的重点，就是三大展厅的常设展，展厅没变，但主题和内容全部进行了更新。（图 1-44）

从数字上最容易看出变化。2008 年前，展品 400 多件（组），2018 年，达到了 600 多件（组），其中近一半为近 10 年的考古新发

图 1-44　良渚博物院航拍

现，比如钟家港、葡萄畈、美人地等遗址的近 200 件陶器、动植物
标本，以及后杨村、文家山、卞家山出土的玉器，比如琮、璧、锥形
器，尤其是钟家港的良渚先民头盖骨，钟家港的鱼钩，都是首次展
出。而除了良渚博物院藏品外，还有一百多件来自浙江省文物考古研
究所的藏品，都是最近 10 年的考古新发现。

　　大家进入博物院的第一感受是：明亮，高雅，亲和，眼睛非常舒
服。(图 1-45)

　　我们之前习惯的博物馆的光线是暗暗的，充满着神秘的气息，有

图 1-45　良渚博物院展厅

时候整个展柜都是黑的，人一走过去感应灯才会亮起。

　　有段时间，很多公号在讨论，博物馆究竟需要什么样的照明，良渚博物院这次做了一个大胆的尝试，也是此次改陈的一大变化。

　　"很多人认为古部落、原始人是很落后的，灯光效果都是做得黑黢黢的，搞得很神秘。实际上，良渚文明已经进入了文明时代，我们想追求一种亮亮堂堂的展示效果，展览照明，既要与我们的文明相匹配，又要符合现在国际博物馆的潮流。"本次良渚博物院总策展人、复旦大学文物与博物馆学系教授高蒙河说。

　　其实，如今国际上越来越多的公共空间、大型博物馆都开始运用自然光。最典型的例子就是大英博物馆，大厅里日光照映在墙面上，很有意境，拍照也好看，体现了晨昏美。

　　高蒙河说，这次就想让大家进来有一种感觉：视觉很亮，像自然光照了进来。（图 1-46）

　　"曾经有一段时间，国际上很多博物馆是不用自然光源的，是密闭式的，完全靠灯光营造效果。而我们现在就是想通过灯光营造自然光感，想给观众营造一种在天然的自然环境中游走的感觉，这也是国际展览的流行趋势。"（图 1-47）

　　第三展厅——玉器的展厅，就是个典型例子，顶部被重新打造，而这个展厅放的都是良渚玉器（图 1-48）。比如琮璧钺本身就自带天神合一的功能，"所以这个顶部的设计，也有这个意思，既营造出干净简洁明亮的氛围，又不让观众产生很原始很神秘的感觉，文明不应该再是那种原始人穿个兽皮衣奔跑的感觉"。高蒙河说。

　　展厅所有的灯光亮度都可以调节，有三级调试效果，既能调出暖光，也能调出冷光。

　　可能你会问，这么高的亮度难道不会对文物造成影响吗？

　　"我们的文物基本都不是有机质的文物，不是书画，也不是丝织品，多是无机物，陶器和玉器都不怕灯光。而因为玉器比较小，会尽量用一些射灯去展现它的美。"

图 1-46（上） 观众参观新开馆的良渚博物院

图 1-47（下左） 利用自然光设计的良渚博物院展厅

图 1-48（下右） 良渚博物院玉器展厅

107

说完第一观感，我们再说第二观感。

这次展出 600 多件文物的展柜使用的是低反射玻璃，它有一个明显功能，即你走近它的时候，不太能看到自己的影子，也就是说，拍照的时候，不用怕有反光。尤其是玉器展厅的四个独立展柜，启用了目前国际先进的德国"汉氏柜"，大英博物馆、美国大都会博物馆、埃及国家博物馆一些珍贵的藏品，都用到了它。

而这次良渚博物院的四只"汉氏柜"，单独为良渚玉器的"三大件"琮、璧、钺打造，由两个德国工匠手工安装，一个展柜装了一个礼拜，德国的工匠精神都反映在这儿。（图 1-49）

效果好不好？拿着手机对着玻璃，根本不用调角度，随便拍，一点没有反光，柜子毫无存在感，像是直接对着文物拍一样。

在展厅中，到处都能看到英语翻译。而以前，我们会在重要的单元说明和标题上标注翻译，但这次基本上做到能翻译的地方尽量都使用双语系统，这是在展览传播上的一种新尝试。

对展厅中的所有前言和结语的撰写，专家经过了不下十次的反复讨论，每一个标点符号都经过斟酌，甚至反复讨论一些词应该用怎样的英文翻译。比如"城市"这个词，有很多种翻译，最后用的是 urban。高蒙河说，这次借助了很多国内在考古、英文方面权威专家的合力，经过了多个翻译专家的讨论和校对，最后才得以确定。

而讲解词里，甚至有日文的版本，以前并没有。讲解词还做了三

图 1-49　良渚博物院汉氏柜中的玉琮

个版本：观众版、专家版、少儿版。这些都是过去没有的，博物院在这些方面花了很大的力气。

好了，说完了大观感，我们来说说最重要的内容——展品。

记者来之前，本来准备写一个观展攻略，但走进展馆才发现，馆内没有任何明确的展线或者箭头引导你去看哪个展厅。三个展厅的设计，完全是开放式的。

对于这个问题，高蒙河一笑："对，有一定的展线逻辑，但总体上是开放的，也可以说是 0 展线。"

"过去我们习惯跟着讲解员，博物馆的设计很多都是按照展览逻辑走，这次我们采用了国际上比较流行的自由观展模式，不给观众规定和设计路线。"

他说，经过了 10 年的考古发现，考古学家不但搞清了良渚古城的格局、功能、属性，甚至还发现了外围大型水利系统。所以，这次展览是良渚考古 80 年，特别是最近 10 年考古成果的一次集大成展览，而且是良渚考古发现第一时间、第一手资料的展示。

而三大展厅常设展的主题就是：良渚遗址是实证中华 5000 年文明史的圣地。

这句话，被刻在大厅迎面而来的大照壁上，简洁，有力——也就是说，我们还没看展，就将关于良渚文明发现和研究目前最新的结论提前印在了脑子里。

"这个结论上次布展时我们还不敢完全坐实，那时主要表现的是良渚文化，现在这个结论已经坐实了。为什么可以坐实呢？一个是良渚古城的格局和功能，我们都搞清楚了；另一个是发现了大型的外围水利系统。正是因为有了这两个重大发现，我们敢说，良渚遗址不但实证了中华 5000 年文明，也是实证中华 5000 年文明史的具有突出普遍价值的典型遗址，我们现在叫圣地。"

上一次展览的第一展厅，突出了良渚的发现史，这一次，弱化了发现史，一进来就把得到国际主流学界肯定的结果告诉观众，然后是问题式的导入，走进展厅，观众会看到各种问题：良渚在哪里？良渚文化时期离我们有多久远？良渚遗址是谁发现的？

高蒙河说，现在这三个展厅，是把这 10 年的研究成果，用事实来展现。

事实是什么？是物。你可能会说，博物馆里放的当然是文物啊，其实，很多博物馆里设计的等比例的造景，容易夺人眼球。但这次的改陈中，博物院在形式设计上，特别强调要用考古发现的实实在在的"物"来说话，而不是通过辅助展项的方式，比如造景和人物雕塑。

在这点上，观众的感受很明显。以前第二展厅都是造景，有树林，有水，各种景观反映了过去良渚人的生活环境，但这次，几乎没有做大型 1:1 的复原场景，而是让大家实实在在看文物。

良渚遗址的"物"有两种。

一种是包括古城水利系统这样遗迹性质的，通过遗址现场的照片和模型来展示。另一种就是具体的实物。博物院对良渚遗址目前出土的陶器、玉器、石器、骨器、漆器等，做了全方位的展示，"而且没有漏项，以前没有这么全面的分类"，高蒙河说。

这次展出的文物密集到什么程度？

第三展厅的主题为"玉魂国魄"，这是给玉器单独打造的"房间"。记者先罗列一下展厅里玉器的种类：玉琮、玉钺、玉冠状器、玉镯、玉璧、玉坠、玉三叉形器、玉锥形器、玉璜、玉圆牌、玉筒形器、玉管串、玉珠串、玉管、玉珠、半球形隧孔玉珠、隧孔玉瓣形饰、隧孔玉柱形器、玉缝缀片、牙形玉饰、牙形玉坠饰、玉琮式管、玉牌饰、玉鸟、玉带盖柱形器、玉柱形器、玉柄形器、玉手柄、玉勺、玉匕、玉耘田器、玉端饰、烟斗形双鼻孔玉饰……已经眼花缭乱了是不是？

那么，你可能会问，光看文物看不懂怎么办？尤其良渚的文物，并不像唐宋文物那么光鲜亮丽，无论陶器还是玉器，往往低调含蓄，素颜示人。它拼的，是内涵，一种端庄之美。

所以，几乎每一件展品都会在展板上做大量的内涵信息的解读，让观众不但看形态，还能知道器物在当时整个文明进展过程中有什么作用，让文物本身特别是它内含的信息说话，让文物真正"活起来"。

比如漆器，大家对良渚漆器还不太熟悉，这次展出了省考古所藏的卞家山遗址出土的漆觚残片。

高蒙河说，这件漆觚，过去可能就展一个残片，或者模型，放一个说明牌就好了。但现在把做胎、上漆的制作过程，包括当时漆器的流行颜色（红黑相间），以及它何时被古人废弃，又如何被后人复原的大数据，全部告诉观众。包括良渚人穿木屐的步骤，也展示得清清楚楚。

另外，还加入了大量科技考古的成果。比如漆器的厚薄，一层一层髹漆工艺的制作过程，都用科技的方式全面展示。"10 年前，科技考古技术还没有像现在这么先进，这次让它助力到我们的展览中。我给这种方式取了个名字：全信息解读，全过程解读。"

除了用物说话，要细致了解 5000 年前的良渚人的生活，还需要大量辅助设备，而这次博物院的重新打造，甚至还用上了黑科技。

很多人对良渚墓葬有兴趣，但墓地没法搬到展厅里。而博物院在第二展厅里展出的微缩版反山王陵的九个墓葬，以及墓葬里的器物，十分逼真，细节无差。

这是目前国际很流行的 3D 打印技术，这次改陈展厅大量用到了这种技术，包括墓地、宫殿区、作坊区，这在目前国内博物馆的展陈中很少见。尤其在钟家港作坊区里，你能看到各种有趣的人，睡觉的，偷懒的，玩儿的，钓鱼的，做玉器的，做木头的，做陶器的，3D 打印尽可能还原了真实的古人生活场景。

三大展厅全部细致地看完，记者算了下，大概需要一个半小时。而这中间，记者数了数，一共看了 12 条多媒体影片和投影，分别讲解了良渚遗址各个区域的故事和知识。但高蒙河说，如果线上线下加起来，有 20 多个多媒体展示区域，片子都是重新拍摄，这也是过去没有的。

最炫酷的，莫过于第二展厅新增的球幕影院，会循环播放一部 10 分钟的解读良渚古城及其外围水利系统的影片。可以说，这是一部史诗级大片，会有环绕立体声包裹耳朵，这次也是"全球首映"。

和常规影院不同的是，影厅里没有一排排座椅，而是摆放了几个可爱的懒人沙发，一场只能容纳 25 人。所以，博物院每天将在总台发号，每半小时安排一场，一场 25 人。想看电影的你，请务必去总台取号等位哦。

而现在戏剧圈很流行的沉浸式体验，也被用在了展厅里。

这番沉浸式体验，来自一块墙皮。

这不是一块普通的墙皮，它被嵌在第二展厅的展墙上，长 4 米、宽 3 米，是从良渚古城北城墙遗址上切下来的剖面。对，这是一件大实物，观众能清晰地看到土色的差异、肌理，和一层层堆筑时层位的痕迹。

但，如果它孤零零贴在墙面上，一般人都不会发现，也不清楚它的用途，但有观众经过时，这块墙皮忽然"动"了。

什么情况？

原来展厅顶上有个大型多媒体投影机关，将良渚古城的形成过程，古城墙是如何一步一步演变而来的，全部投影在了这面 5000 多年前的古城墙皮上。墙皮是静态性的还原，多媒体是影像式的还原，两者结合，动静呼应，有一种时空穿越之感。高蒙河说，过去没用过这种手段，是全新观感体验的设计。

最戏剧化的一幕，也出现在这个古城展厅：5000 年前的良渚人，男女老少正在劳作，边上则是三位考古队员，拿着手铲，发掘、测绘。

　　5000 年的时空穿越，在一个博物馆里完成了。

　　（原标题：《闭馆 315 天后，良渚博物院华丽蝶变，6 月 25 日下午 1 点半正式开馆，钱报记者昨日独家探营：国际范、黑科技、沉浸式体验，带你穿越 5000 年》，2018-06-23）

图 1-50　高蒙河教授

二十　良渚遗址为什么是圣地，展览里有六个关键词

为什么说良渚博物院重新开馆是蝶变？

记者专访了本次良渚博物院改陈总策展人、复旦大学文物与博物馆学系教授高蒙河（图 1-50）。以下为二人对话。

记者（以下简称记）：这次展览的策展理念，和 10 年前最大的不同是什么？

高蒙河（以下简称高）：10 年前良渚博物院的受众还只是局限于国内观众和学者，通过这 10 年的探索，国外专家学者不断来访调研，主流国际学术界已经因良渚的发现开始接受中华 5000 年文明史的观点。所以现在，我们面对的不仅仅是国内的观众，还要面对更多国际上的观众，我希望它成为一个在国内外都能有影响力的考古遗址博物馆。

这次展陈，我们用到了国内目前最新的手段、最新的设计、最新的策划，做了一个最新的展览，希望能在中国考古遗址博物馆的类型方面，做一种全新的策展展览模式，包括灯光，都是尽量用最好的——不仅仅是在今天最好，还想通过这样的展览，在博物馆展览展陈行业中，能起到领先和示范的作用，甚至五到十年，都不落后。所以，这个展览从理念上来说，具有前瞻性、愿景性、示范性、影响性，希望良渚博物院在未来五年到十年内，成为在国内领先、在国际上有知名度的博物馆。

还有一个不同是背景的不同。

从 2017 年开始，全国绝大部分省区市开始统一使用的《中国历史》教科书（七年级上册），在第 11 页上能看到关于良渚文化的详尽介绍，这是良渚文化第四次被写入中学历史类教科书，也是所占篇幅最大的一次。

五年十年之后，教科书里对于良渚文化的介绍还会更加完善。一般的考古发现是无法进入教科书的，只有重大的、具有影响力的、能证明中国传统特别是早期文明发展变化的考古发现，才能被写进教科书里。

　　所以你看，良渚文化这 10 年有这么多变化，总结下有三个特征：考古发现多，获得国际共识，对当代人的文化传承有巨大的文化影响。这也是我们办展的背景。

　　所以，我们这次定的策展原则中有一条：全面吸收和尊重近 10 年来所有的考古成果。

　　比如良渚古城，我们把它的功能区都搞清楚了，以前只知道有个反山，有个古城，但不知道它们到底是什么关系和属性。而现在我们把几个最重要的功能区都搞清了，良渚古城的宫殿区、王陵区、作坊区、仓储区四个区互为关联，具有"首都"最基本的功能。

　　良渚古城宫殿区、内城、外城的三重格局，与后世都城，比如我们熟悉的明清北京城"宫城、皇城、郭城"的三重结构体系类似，是中国乃至东亚地区早期城市规划的典范。为什么说中华文明 5000 年绵延不绝一脉相承？从城市格局上、功能设置上都能看出来。可以这么说，5000 年前良渚古城的三重格局，和 5000 年后明清都城的三重格局，不能说完全没有内在的联系，一个是源，一个是流。

　　这些理念，以前策展的时候都没有。（图 1-51）

　　记：我看到这次展陈还特别加入了"原始文字"，和我们熟悉的良渚刻画符号分开，做了两块展区。为什么？

　　高：按照西方物质文明指征，文明有三个标志：城市、金属、文字。上一次展览时，才刚刚有了城——良渚古城在 2007 年被发现。

图 1-51　良渚博物院反山遗址 14 号墓棺椁和随葬玉器复原

而如今，良渚遗址具备了三要素，其中虽然没有铜器，但良渚玉器的
设计、制作、使用所代表的技术水平和象征意义，足以与铜器并举。
所以我们这次特别加入了文字，直接明确提出了"原始文字"，这是
经过古文字专家专门论证出来的：良渚文化中发现了由多个刻画符号
有意组合排列在一起的情况，有别于单个出现的刻画符号，可视为良
渚文化的原始文字。

　　所以，我们把两者分开了。10 年前的展厅里，我们对于"文字"，

只能蜻蜓点水，不敢做深入的解释和定性。但我们这次专门为原始文字做了一面墙的独立展项，并跟埃及古文字做了对比，想为观众提供多重信息。有很多"超级票友"会盯着这些文字，带着很多学术性的问题来提问。所以我们这次展出来的文字，是经过古文字专家论证的，有学术价值的，展示了最典型的连句的原始文字。

记：我看到墙面还设置了艺术墙，上面有各种关于良渚的关键词，一目了然，但有主要的六个关键词：稻作文明、玉器文明、水利文明、原始文字、城市文明、早期国家。这怎么解释？

高：我们把良渚文明细化成了这六个关键词，是想让观众在看完展后，记住这六个关键词，尤其是其中两个：

第一个，城市文明，指的是这是一个大城。

第二个，早期国家，指的是这是一个国家。

这是最核心的两个关键词，也是我们这次展览最想传达的信息。

我们在尾厅里也专门列出了这六个词，希望观众看完这个展览之后开始明白，良渚为什么是圣地？就是用这六个词表现出来的。

记：对，我发现尾厅很有意思，一般很多博物馆都会用一段"结语"当作尾厅，但我们还单独做了一个厅，放了一幅类似《清明上河图》的水墨长卷，有 24 米长，展示了良渚的东郊—良渚古城—良渚西郊的环境和生活，下面的展柜里还有考古报告、考古执照、实物证据等。(图 1-52)

图 1-52　良渚博物院尾厅

高：我们希望展览强调虎头（5000 年文明的圣地），熊腰（古城和水利），豹尾（六个关键词、六大文明），内容饱满，有结构，有逻辑。观众从良渚带走什么，这是我们所关注的。

记：这次还有一个临展"良渚遗址保护特展"，主题是良渚的保护和利用。这是如何考虑的？

高：过去考古只是发现研究这四个字，现在已经不一样了，考古工作延伸出来的保护和利用的职能必须要展示、传播，考古的最终目的是传承。从这一点上说，良渚考古 80 年来，从初期只是发现和研究，发展到而今的边发现、边研究、边保护、边利用、边传承的"五位一体"模式——良渚考古率先在全国走进了"全考古时代"。

浙江省文物考古研究所良渚考古队也好，良渚遗址管委会也好，多年来一直践行这种模式，国内其他的地方，尚没有良渚表现得这么完善，影响这么广。

这次临展厅关于良渚保护的特展，还有可能到全国巡展，助力全国大遗址保护、国家遗址公园的建设。这是考古的新模式，可以启示整个行业向前发展，在这方面良渚提供了一个非常好的体验场、实践地。

记：这次改陈虽然没有大型造景等，但增加了时代感、科技感、体验感、观赏感。有影院，还有小朋友的游戏厅，以及良渚博物院和晓风书屋合作的文创空间。就像您刚才说的，希望观众看完展览，能带走什么？

高：我想跟观众说，我们现在的博物馆已经不单是一个受教育的场所了，过去我们说博物馆的功能是一个课堂，但现在，课堂的功能依旧在，但它更是一个文化休闲的场所，需要为社区和公众提供文化和服务，共享生活的美好。这也是如今国际博物馆的主题和发展方向，我们也紧跟国际博物馆的展览理念和社会文化需求。比如讲解员并不只是做讲解，还需要引导和服务观众。还有游戏室，我们都可以去体验。甚至还有作为娱乐的影院。博物馆已经成为一个大型的文化综合体和全方位立体的空间，我们希望到良渚博物院看展成为杭州人的生活方式。

（原标题：《本报记者专访本次良渚博物院改陈总策展人高蒙河——良渚遗址为什么是圣地，展览里有六个关键词》，2018-06-26）

二十一　谁是良渚博物院开馆后的第一位观众

"知道今天第一天开门，我特意过来，希望能盖一个良渚博物院的章，把明信片寄出去。"

"今天天气这么热，谢谢你们来，欢迎大家来博物院。"

2018 年 6 月 25 日下午 1 点半，闭馆提升改造 315 天后，良渚博物院重新对外开放。下午的气温达到了 35 摄氏度，81 岁的金乃民先生拿着一叠自制的明信片，小跑进馆，成为良渚博物院重新开馆后的第一位观众。（图 1-53）

而良博院院长马东峰早早站在入场口——这座由英国建筑大师戴卫·奇普菲尔德设计的建筑外，迎接第一批观众。

尽管是周一，但从下午 1 点半到 4 点，第一天对外开放的这两个半小时内，进场人次就达到了 1265 人，相当于良博院平时双休日一天的量。

第一批观众的观感如何？

有一位特殊的观众已在开馆前先睹为快了：故宫博物院院长单

图 1-53　开馆后的第一位观众金乃民先生接受记者采访

霁翔。

　　单院长一进展厅，就 get 到了亮点。

　　"这个光线是最适合观赏馆藏文物的，国际上几个大博物馆采用的也是这样的光线。在这样的条件下看博物院，感觉比以前好多了。"他发现三大展厅的光线比原来更明亮柔和，首先点赞了光线。然后他又发现了展柜的透亮："这个玻璃很好。"

改陈期间，很多博物馆掌门人都来了。国家文物局副局长宋新潮仔细看过每一个厅的陈列设计方案后，对良渚博物院用文物讲良渚文明故事的思路表示了充分肯定。国际博物馆协会副主席、中国博物馆协会副理事长安来顺等专家表示，"改陈要突出遗产价值和保护管理功能，注重遗产的再利用"。南京博物院院长龚良等专家认为，"良渚博物院整体很好，馆藏也是绝对无与伦比的精美，新展陈的设计方案突破了过去遗址博物馆的传统模式，数字技术的特点也体现了一些"。

突破，也是很多观众的第一感受。

第一批观众体会最直接的，也是光线和玻璃，这是此次改陈后的两大变化：展厅比过去亮堂，视觉感舒适，以及拍照无压力，拿着手机对着展柜玻璃拍文物一点都不反光。

"我之前没来过，第一次来，觉得整个展陈做得很不错，灯光很专业，文物柜也很专业。传统的博物馆普遍比较黑，比较暗，这里比较亮，不是原来那种高高在上的感觉，更适合年轻人的观感。"观众杨溢说。

而黑科技的体验，更让很多人惊艳——展示反山王陵 9 个墓葬和作坊区的 3D 打印技术、球幕影院，以及游戏厅里的 VR 游戏、挖沙、寻宝活动，在一个考古遗址博物馆中很少见。（图 1-54）

在上海当老师的杨凤玉，一大早带着放暑假的儿子坐高铁，从上海赶到了杭州，就是为了第一时间来良渚博物院体验。她之前就来过

图 1-54 良渚博物院新增了 VR 互动

博物院，感觉光线有点暗，专业性又比较强，孩子不太看得懂，"现在光线很亮，展示方式很新，高科技的东西很多，有互动的游戏室，VR 的机器，我还在问他看得头晕不晕，他都不肯走了，很感兴趣"。

这一点，专家的感触也很深。

对于此次良渚博物院改陈，离 5000 年良渚文化最近的他们——浙江省文物考古研究所全程参与，一百多件来自考古所的藏品也是首次亮相。所长刘斌说，这次展览的难点在于，它不是一个新馆，而是

2.0 版本，好像《三国演义》拍了两次，哪个版本好，很多人会比较。展陈团队动了很多脑筋，希望能把考古队员和专家近十年对良渚文化、良渚古城的认识、学术进展，尽可能地在博物院中体现，因为这是一个良渚文化的遗址博物馆，需要体现考古团队对良渚遗址总体的认识水平。

刘斌最喜欢的地方，也是展厅的开放式和亮堂，这一设计符合国际趋势，另外还有多媒体技术的采用，"原来我们在讨论时提出：什么样的东西需要用多媒体技术？比如环境，良渚古城的整个变迁过程，用图片无法表现，希望能用多媒体手段来展现，这点我觉得展厅做得很不错。比如用壁画表现古城的架构，还是比较直观的"。

他还特别提醒大家别错过一个多媒体视频：良渚先民的人像复原视频。

第二展厅的一块展区，展示了余杭卞家山遗址 49 号墓出土的一具完整人骨——请注意，不是复原，而是真实的 5000 年前的良渚先民人骨。

而它上方的视频，用多媒体方式展示了钟家港古河道出土的死者人像复原过程，死者死亡时 25 岁，是一个男人。

计算机三维再现容貌技术，是一项以颅骨为基础材料，结合人类学、考古学、历史学、解剖学、计算机技术等相关学科，在计算机上科学地复原古人生前容貌的科研工作。

"我觉得这个地方改进得很好，良渚人长什么样子，以前馆里是静态的照片，这次有了动态的复原过程，是一次创新提升。"刘斌说。

为了使这次重新亮相后，大家的观展体验更佳，展陈团队用尽了心思。可能大家没注意到，玉器展厅里，有一块玉璧前装上了放大镜，因为这块玉璧上刻画有"鸟立高台"这种形态特殊的符号，如果没有放大镜，观众根本看不清玉璧上的纹样，也感受不到良渚人制作玉器的精妙之处。

参与布展的浙江省文物考古研究所研究员赵晔告诉记者，接下来，展厅还有几处地方会一一放上放大镜，包括玉钺的支架也会放上，更多细节会继续做调整和改进，让大家有更棒的体验。

除了三大展厅，良渚博物院和晓风书屋合作的文创空间也同时亮相，这也是晓风书屋的第 14 家门店，也是逛完博物院后大家最期待的"买买买"环节。（图 1-55）

和别的晓风书屋不一样，这里有许多为良渚文化定制的周边衍生品，比如以良渚玉琮为原型的玉琮茶杯，成组的玉琮茶具、玉琮笔洗，只此一家，别无分店。单霁翔离开博物院之前，就特地参观了良博院周边产品，对良渚文创产品点赞。

我们在文创空间逮到了晓风书屋的大掌柜姜爱军，请他特别推荐一下产品。记者一眼就看到大掌柜衣服上别着一只玉鸟胸章（图 1-56），玉鸟是良渚文化独特的纹样，这款胸针有亚光和亮光，"特别

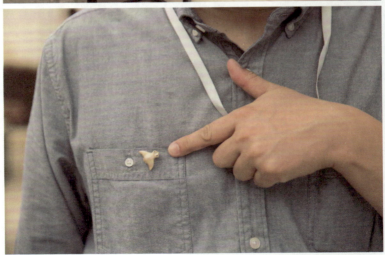

图 1-55（上） 良渚博物院文创空间晓风书屋
图 1-56（下） 良渚博物院文创空间晓风书屋掌柜姜爱军胸口别的玉鸟胸针

适合情侣"，68 元一个，价格也不贵。

他说，性价比最高的，是便签本和小本子，只要 10 元和 25 元。里面有良渚文化的神徽纹样，实用又好看。

（原标题：《200 多件藏品首次亮相，视频再现头盖骨复原古人容貌。良渚博物院 2.0 版昨日开启，黑科技让文物开口说话》，2018-06-26）

二十二　识玉寻踪，良渚古人的淘宝订单

4500 年前，浙江德清雷甸镇的一家工厂，收到一张订单。

买家信息不详，账号被隐去了，厂长只接到命令，要做上千件玉锥形器和玉管。

这样的订单，对他来说稀松平常。

镇里，这个叫作初鸣的地方，沼泽分布，水网密集，厂长开了一家玉器制作工厂，家族生意，选料、开料、雕琢，工人每天都在生产线上忙碌，但做的大部分都是不上档次的玉器产品。

老厂主，厂长的父亲心里有些疙瘩。

这么多年了，儿子的工厂老是接这些低档次玉器的单子，而且量还那么大，到底是供给谁的？买家是谁？

退休前，父亲也是做玉器的顶尖工匠，家里五代人，制玉技术代代相传。但老祖宗和他的这双手，碰的可都是精贵的玉料，行话叫透闪石软玉，细腻、致密，用它做的产品，比如玉琮、玉钺，更是皇家定制，是专为住在 18 公里以外的良渚王服务的，普通人无法享用。

但怎么现在到了儿子这一代，日子越过越粗糙了。先是工厂开到了良渚古城外围，离王不远不近的，他也跟着儿子搬家，而且厂里接的订单，看起来不再是皇家血统，不再高精尖。订单背后买家，是王吗？这么大批量的货，到底要发到哪里去？

4500年后，浙江省文物考古研究所研究员方向明也在想这个问题。他和他的同事们，发现了那对良渚父子的制玉工厂。

2019年3月29日，工厂，即"浙江德清中初鸣良渚文化制玉作坊遗址群"获2018年度全国十大考古新发现入围奖。

对工厂的介绍如下——

是迄今为止长江下游地区发现的良渚文化时期规模最大的制玉作坊遗址群；

出土了大量制玉相关遗存资料，是目前出土玉料、玉器半成品最多的良渚文化遗址。

这些事情，4500年前的父子俩可从没想到。虽然他们一直对制玉很骄傲，也希望生意越做越大，但那几天，两人忧心忡忡，各怀心事，因为接到了这张淘宝订单。

这显然不是一家单独的工厂。

从遗址最终的定名可以看出，此地分布了好几家工厂，相当于一个工业园区，标准说法是：数个制玉作坊遗存组成的作坊遗址群。它们所在的这片区域叫中初鸣，定位显示：浙江省湖州市德清县雷甸

图 1-57　中初鸣遗址位置示意图

镇，一个叫杨墩村的地方（图 1-57）。

天下枇杷数塘栖，塘栖枇杷出杨墩。杨墩村是浙江省有名的枇杷产区之一，枇杷皮薄，肉厚，核小。而德清本来就多水，有好多带"漾"字的地方，比如百亩漾、半段漾、苎溪漾，雷甸镇就有个黄婆漾，养殖业发达。

考古队员怎么就把目标锁定在这里了？

中初鸣这一区域，早年就有玉料出土的记载。民国二十一年（1932 年）《德清县新志》卷二写道："中初鸣、下初鸣、桑育高桥（即现新安高桥），地中时掘有杂角古玉及圈环步坠等物，质坚，色多红黄，时人谓之西土汉玉，佳者极珍贵。"

这段记载，专门归在了"物产"这一章，描述非常精确。尤其是"杂角古玉"，方向明是慈溪人，用慈溪话念起来，就是"杂个楞登"，不太正规的意思，颜色还有红色，和后来他们的发现吻合。

20 世纪 90 年代，此地挖鱼塘曾出土大量玉料，盗掘现象也很严重，引起了文物部门高度关注。浙江省文物考古研究所所长刘斌，曾在这里试掘，发现了很多玉料，推测这一区域可能存在面积较大的制玉作坊遗址。

2007年，良渚古城发现以后，关于良渚文化核心区的布局已经搞得非常清楚了，这些年，考古队员的目光，移到了古城外围，以余杭为主的1000平方公里范围，包括德清，可以说是良渚古城的腹地，也是支撑我们认识良渚王国的核心区域。

刘斌和方向明同时想到了德清中初鸣，此地有戏。

2017—2018年，为了配合良渚古城外围遗址调查，以及国家文物局"十三五"重大专项课题"考古中国：长江下游区域文明模式研究——从崧泽到良渚"的开展，浙江省文物考古研究所、德清博物馆对中初鸣这一地区进行了大规模的系统调查、勘探和试掘。

"时间过得太快了，两年过去了。"方向明说。

车子经过一条古河道，名西大港，不远处，指示牌显示：木鱼桥。

中初鸣项目负责人方向明，执行领队、90后塘栖姑娘朱叶菲回到"故地"，木鱼桥遗址，2017年考古队进行试掘的地方，如今成了葡萄园，种了大头菜、萝卜，安安静静，鸟鸣花香。

2017年下半年，方向明在中初鸣前前后后走了七八趟，发现了一处盗掘地。

那天，他们正在打探眼，发现一条自来水管的洞口有点奇怪，一看，原来盗挖分子嫌玉料太小，竟然把它扔在了里面。

方向明对朱叶菲说："我们下一步就在这里发掘。"

有发现的点，不止这一处。

考古队员经过调查和勘探，陆续发现和确认了木鱼桥、田板埭、保安桥、小桥头、王家里等多处遗址点，目前已有 7 处，这些遗址点均有玉料出土。

这就可以判断了，此地并不是单纯一个做玉器的房间或是工厂，而是存在一处有组织有纪律有规划的"园区"，是良渚文化时期的大规模制玉作坊遗址群，专家统称它为中初鸣制玉作坊遗址群，总面积达到了 100 万平方米，规模非常大，而且每家工厂都离得不远。

离木鱼桥遗址点差不多 1 公里，就到了另一个遗址点：保安桥。

车子一路开，小镇两边建了很多大型工业厂房，这里正在进行通航智造小镇的建设，一个工业开发区。

鉴于中初鸣遗址的工作对良渚文化的玉料来源、玉器制作、流通的研究具有重大意义，在此前勘探的基础上，也配合通航智造小镇的建设（基础建设开始前，需要先进行地下文物的勘探），2018 年，考古队员选择保安桥这个点，进行正式发掘，发掘面积近 1100 平方米。

几天来连续下雨，来保安桥遗址的这天，总算出了太阳。方向明指着北边，一条沟，呈斜坡状，就在这些不起眼的堆积里，有了

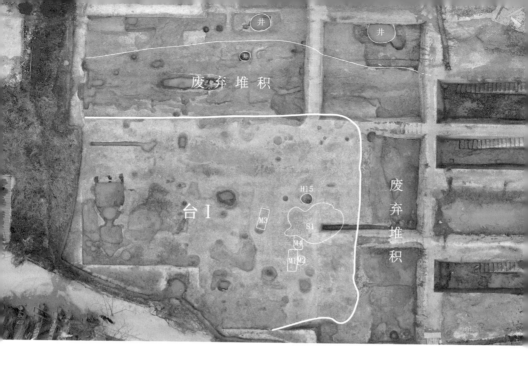

图 1-58　中初鸣遗址保安桥台 I

发现——

　　在土台周边的废弃堆积中出土了大量玉料，玉器成品、半成品、残件等，以及少量陶器、石器。玉料数量惊人，具体包括玉料 1600 余件，玉器成品、半成品、残件 200 余件，石器 200 余件（其中加工工具燧石、磨石 50 余件）。

　　这些玉料，是良渚人在做玉器的时候，从上面扔下去的。他的工作场所就在台子上。（图 1-58）

　　考古队员在他的工作台——眼前的土台上，发现了什么？

　　朱叶菲说，目前土台顶部发现了 4 座墓葬，以及 1 个灰坑（你可以看成是古人扔生活垃圾的地方），里面有少量玉料，还有一块不规则的红烧土堆积，是房子的基础残迹。

图 1-59（左） 中初鸣遗址保安桥 M1 出土玉镯
图 1-60（右） 中初鸣遗址保安桥 M1 出土玉料

　　这说明，台面上，初步判断至少存在房址、墓葬，良渚人在这里
工作，死后也埋在这里。

　　工作台的平面形状差不多是个长方形，揭露部分东西长约 23.5
米，南北宽约 20 米，面积不到 500 平方米，不算很大，海拔标高约
2.4 米，残存深度只有 40~120 厘米。

　　我们再看四座墓，尽管是残存的，但能反映当时的规模。方向明
说，在这个台子上工作的人，可能是小家庭制的作坊模式，人数不会
很多。

　　四座墓葬主要分布于土台中部偏东位置。其中一号墓（以下简称
M1）里发现了一个玉镯子（图 1-59），还有玉料（图 1-60）。

　　不要以为玉镯子只女人用，男人也戴。方向明说，这个墓，又出
土成组锥形器，一定是男人，因为出土成组锥形器，是良渚古城和周
边区域有一定身份的人的爱好。

　　我们把遗物摊开细数下——

M1 出土随葬品 13 件，其中玉器 10 件，分别是镯 1 件，锥形器 5 件，半圆形饰 1 件，管 2 件，玉料 1 件；另外陶器 3 件，分别是罐、圈足盘、鼎。

朱叶菲认为，这块墓葬出土的玉料，代表了墓主人的特殊身份——他一定与做玉器有关。

沟的边缘和外围，还有发现，挖出了两口井，这说明什么？

方向明说，从聚落的格局上看，良渚人没有直接从台子上打一口井，而是跑到外面去打，还说明当时的地势环境和现在有所区别，比现在的水位还要偏低，不然就失去打井的意义了。这里尽管有沼泽堆积，但人们还是需要清洁的用水，洗洗刷刷。

保安桥这个工厂虽然面积不大，但仅仅这一个遗址点的发现，范围明确，布局功能清晰，就能让我们看到当时良渚人制玉的生产模式和规模。尽管房子长什么样不知道，但一定是房子，死了也埋在这里，而且人们扔的废弃物，在一处特别多，越到边缘废弃物也越来越少，说明他们就在台子上工作。

看一张更直观的工厂全景复原图，你就秒懂了，来自方向明老师的手绘。（图 1-61）

跟老厂长一样，对这张订单我们也觉得困惑。

订单要求做什么产品？

考古队员在堆积里发现的玉器成品、半成品、残件 200 多件，基

图 1-61　保安桥遗址复原图（方向明手绘）

本上只有两种产品：玉锥形器和玉管，还有一些零星的小坠子（图 1-62）。

竟然不是良渚王和贵族用的三大件琮、钺、璧，反而是小件玉器，档次不高，类似小商品市场的水平。而且，种类如此单一，量又大。

方向明认为，这说明当时良渚人的玉器生产已经能达到高度专业化的水平，因为做玉锥形器和做玉琮、玉璧，完全是两种技术，玉料也有差异，需要不同专业方向的专业人士。

玉锥形器的需求量有那么大？给谁用的？

很多人对良渚人的三大件已经很熟悉了，但对不怎么好看的玉锥形器会觉得有点陌生，我们来补充一下知识点。

140

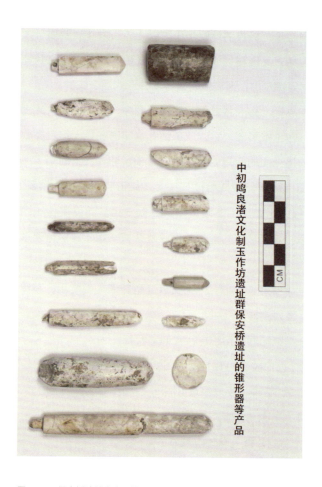

中初鸣良渚文化制玉作坊遗址群保安桥遗址的锥形器等产品

图 1-62　保安桥遗址出土玉锥形器等产品

　　良渚人一大早起来，梳妆估计要半小时以上，因为头上要插一大堆玉饰品，主要包括三叉形器、成组锥形器、成组半圆形器、冠状饰等等。而前三者，男性专用，通过梳、簪等多种形式插在头部。

　　良渚博物院的展板上有一张复原示意图，图中一个良渚男人头上有一根根的东西，即玉锥形器，它的底部钻孔榫卯销在某一有机质载体上。锥形器有的是光面的，有的还精心雕琢成了琮式，上面刻了良渚神像的 logo。玉锥形器一般成组插在头上，身份越高，根数越多，最多的 9 根、10 根，比如反山王陵里多数 9 根一组。而良渚古城西南的文家山墓地里，等级最高的墓葬，也只是 3 根一组，身份待遇形成鲜明对比。

　　玉锥形器，一用就是一大把，无论贵族还是普通人都要用，在良渚古城及其周边，甚为流行。

　　方向明做过一组锥形器数量统计，我们来看看——

　　瑶山 12 座墓，去掉被盗的 M12，总 58 件，平均每墓 4.8 件；

　　反山 9 座墓，总 72 件，平均每墓 8 件；

　　新地里 140 座墓，总 82 件，平均每墓 0.59 件；

　　亭林 23 座墓，总 16 件，平均每墓 0.7 件；

　　上海福泉山是区域中心，30 座墓总 59 件，平均每墓 1.97 件；

　　只有江苏人不太爱用，寺墩 M3，仅 3 件。

　　越靠近良渚文化核心区域——王气聚集区，用得越多，"说明中初鸣生产的锥形器，具有极大的需求"。

那么，这个订单究竟是谁拍的？货发到哪里？会不会是当时嘉兴地区地位低端的良渚"穷人"下单的？

目前还无法确定。但方向明说："我们将通过无损微量元素和同位素测试的比对，确定产品的最终流向。"

产品的"物流"走向，尚且无法得知。那么，这次最重要的发现，做锥形器的原料，也就是这个作坊群中发现的 1000 多件大大小小的玉料，能不能"识玉寻踪"？

比如，这批产品的工艺，有什么特点？良渚人是怎么做玉的？

朱叶菲拿来一块玉料，其中一个切面非常平整，明显做过加工，而且上面能清晰地看到一圈一圈波浪形的拉线痕迹。

这是线切割。(图 1-63)

做玉要开料，也就是我们说的开璞成玉。一块璞玉，玉料表面的外皮因为长时间风化或氧化，需要去除外皮而得到内里最精华的玉料。

良渚人做玉器开料，主要有两种方式。

一种就是线切割，用一根柔性绳子，沾上解玉砂，两只手来回拉（解玉砂，由硬度比玉高的石英、刚玉、云母等自然矿石加工而成的沙砾，这种沙砾具有极高的硬度和自锐性，即使碎裂成很细的颗粒也能磨削玉料）。

还有一种，就是片切割，也叫锯切割。

这些倒不是新认识，早在考古前辈、考古学家牟永抗先生这一代，就已经解决了制玉工艺的问题，牟先生在《关于史前琢玉工艺考古学研究的一些看法》中，早已有过详细论述——他着重提出了片切割的三种模式，以及如何观察管钻技术留下的工艺痕迹，详尽论述了以砂为介质的间接摩擦为特征的线切割、片切割、推蹭和管钻为标志的前砣琢玉工艺体系，彻底打破了唯砣方能琢玉的传统观念（砣，打磨玉器的砂轮）。

中初鸣玉料的开料，以片切割为主，但让考古队员觉得蹊跷的，是这些片切割的痕迹。

比如一块玉料，槽切到将近 5 毫米的深度，但再往下切，也不会超过 1.4 厘米。

还有一件玉料，几个面都切了一条线，但这条线都没有超过 1.4 厘米。（图 1-64）

说明什么？

良渚文化时期，良渚人片切割开料，实际上根本切不深。

为什么？方向明认为，可能跟工具有关。

片切割的工具无非两类，一类是石刀，还有一类，就是软性的，比如毛竹。

玉料上的微痕，跟良渚玉器是吻合的。

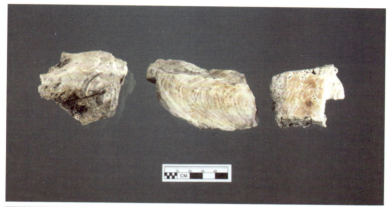

图 1-63（上）　遗址出土玉料（带线切割痕迹）

图 1-64（下）　遗址出土玉料（带片切割痕迹）

比如柱状体的玉琮，尤其玉璧、玉钺，100% 是线切割，没有用片切割。我们目前所能见到的良渚玉琮，几乎所有都是用线切割做成的柱状体。尽管有的玉琮很高，体量很大，良渚人还是喜欢用线吭哧吭哧来回拉。

所以，中初鸣的良渚人"接单"，不接那些大体量的玉器单子，只做片切割深度比较浅的。

做哪些呢？锥形器、玉管、小坠子——和此地的发现吻合。

当年的老厂长很疑惑，除了这批订单的产品单一之外，玉料本身也有问题，那些"柔润淡雅"的玉料去哪儿了？为什么儿子手里做玉器的原料，大部分都是很普通的蛇纹石——质地要甩开好几条街啊。

这里再插入一节良渚人的玉器"小课堂"。

良渚人的玉器讲究，是身份的象征，所用玉料也有好差之分。良渚最好的玉料，排名第一位的，叫透闪石软玉，也就是那位父亲念叨的高级玉料，牟永抗先生把它的特点概括为·"柔润淡雅"。

我们熟悉的琮王、钺王，细腻，致密，就是用它做的，颜色白花花的，标准色叫黄白色，也就是我们俗称的鸡骨白。这个黄白色，是当时高等级墓地随葬玉器的主流颜色。反山、瑶山墓地中的随葬玉器，经过抽样检测，多为这类玉器，也是良渚玉器的最佳代表。

第二名，是阳起石软玉，还可以作为一味中药，胡庆余堂中药馆里就有。它的代言人是玉璧，颜色偏绿，因为含铁量高。1938 年，施

图 1-65　遗址出土条状玉料

昕更先生早在《良渚》报告中，就形象地提到了这种颜色，鸭屎绿："古色盎然，以青绿色俗名鸭屎青者为主。"

　　第三名，就是中初鸣遗址发现的玉料了，经检测原料大部分为蛇纹石（图 1-65）。除了蛇纹石，还发现其他少量的叶蜡石等，这是更低端的玉料了，当时嘉兴地区穷人墓葬里的玉器，都是这种材质。

这说明什么？

中初鸣遗址的年代，为良渚晚期，也就是说，这个时间段，蛇纹石在良渚人的生活中占据了很高的比例。

难道说，良渚晚期的人只能用低端玉料做玉器了？

方向明举了个例子，比如反山遗址，哪怕是王的 12 号墓，也有手一捏就要变成粉的玉器，年代偏晚的 14 号、23 号墓，有很多拿在手上都觉得轻飘飘的玉器，当时没有系统检测，现在怀疑就是蛇纹石。

"我们经常说，玉在良渚人的世界中分等级，好的玉可以刻纹样、微雕，等级高的人才可以拥有。差的玉，低端的人用。但是，高等级的墓葬里也出这些差的玉料，证明当时并不是说你要定制好的玉，一定都能拿到，工匠也会用蛇纹石去替代。而最穷的良渚古人，像嘉兴地区的普通百姓，就用叶腊石来凑合了。"

良渚文化发展到晚期，人们的生活水平是否发生了变化，最重要的用玉，是不是发生了什么问题？资源枯竭？

疑团重重。

但有一个发现，这回可以说有了实证。

除了玉料、半成品、成品外，中初鸣遗址还发现了很多和加工玉器有关的加工工具，比如砺石、磨石。磨石个头比较小，是手拿的；砺石，相当于磨刀石。（图 1-66 ）

　　除此之外，考古队员更有兴趣的，是它们：一些不起眼的小石头，黑的，红的，拿在手里，像炒豆子那么一把，那是燧石制品和石片，种类有雕刻器、钻头。

　　拿着放大镜，我们能很明显看到，一些燧石石片的刃部做过加工，很尖锐。（图1-67）

　　这些燧石，有两种功能，一种用来刻划玉器，方向明拿来刻过，硬度高于玉璧。

　　还有一种功能，玉钺在开料前，需要用燧石先画几道槽，增加摩擦力，否则绳子或刀容易打滑，解玉砂不一定能磨得下去。

　　而此前，考古队员在江苏磨盘墩、丁沙地、良渚塘山金村段、良渚古城钟家港，都发现了燧石。中初鸣的发现，使这件事又一次得到确认——所谓它山之石，可以攻玉，良渚人拿什么攻玉？

　　"可以明确地说，燧石是良渚琢玉的必备工具，如果没有燧石，做玉器就无从谈起，它才是真正的'它山之石'。"方向明说。

　　在考古人看来，每一片指甲盖大小的玉料，破碎不堪的，都不能放过，那一条微痕，细枝末节，可能就是破案的关键。

　　朱叶菲拿起另一块玉料，一面有线切割的痕迹，另一面，粉粉碎碎，如果用手稍微一捏就能捏成粉。

　　"这说明，他当时在做的时候，已经把这块料利用到极限了，没法再割过去了。"

图 1-66（上） 遗址出土磨石
图 1-67（下） 遗址出土燧石工具

　　方向明说，还可以反映另一件重要的事。

　　浙江大学地球科学系教授董传万对这块玉料，有一段描述：表面有比较强的反光，有些自然擦痕，蜡状光泽，肯定受到构造应力的作用。

　　他的结论是：这块玉料来自山上（图1-68）。

　　也就说，玉料，良渚人是直接从山上开采的。

　　这块料的另一边坑坑洼洼的，专业说法是——有着没有磨圆度的玉皮。

　　但是，20世纪90年代，良渚遗址群塘山金村段制玉作坊出土的大批玉料，却不是这样的情况。

　　1996年12月 - 1997年1月，由王明达领队，考古队员在位于良渚遗址群北部长约4公里塘山金村段进行试掘，有重大发现。

　　方向明在当时的日记中写道：

　　12月20日，T1结束，为了与土墩地层衔接对照，决定先清理土墩南部断面，那里灌木丛生，我亲自动用山锄，在高出水田约70厘米发现异样石块，可惜被我挖破了一点点，在水田里清洗后大喜过望，原来真是玉料！连忙拍摄场景。收工时天色已晚，费国平和我一起回吴家埠工作站，一进门我就向王老师报告意外消息，王老师也甚喜，当晚，大酒。

　　2002年4—7月，考古队员再次对塘山金村段进行发掘，获得了

图 1-68　遗址出土玉料

460 余件玉石制品，发现了与制玉有关的石砌遗迹 3 处。《中国文物报》2002 年 9 月 20 日第一版发表了王明达、方向明、徐新民、方忠华联合署名的《良渚塘山遗址发现良渚文化制玉作坊》一文，认为塘山是一处良渚先民人工修筑的防洪堤，其上的制玉作坊是利用塘山地势较高、相对安全的条件选择的地点。

方向明在塘山金村段发现的玉料，外衣光洁，为什么？它们从山上崩裂下来后，掉到河滩里，溪流不断滚动，毛茸茸的"外衣"消失了，最后剩下了玉的精华部分。

而中初鸣的这一块，不可能是这种情况。

玉料上毛茸茸比较"烂"的外衣还在，证明它是"纯种"的、来自原产地的、无添加的原生态，它就来自山上，没有经过自然搬动。

"经过自然搬动，最典型的例子就是大家比较熟悉的和田玉籽料，最后剩下的都是精华，小小一颗，原来是很大的、外表很软的，滚着滚着就是精华了。"方向明说。

所以，良渚人是怎么拿到这些玉料的？一种，是从河滩里捡的，比如塘山金村段发现的玉料。另一种，像中初鸣发现的这种玉料，就是从山上直接采的。

哪座山？

良渚玉器闻名天下，可是这么多年来，玉矿在哪里，也就是良渚玉料的原产地在哪，我们还不知道。

目前有迹象显示，有可能来自西侧的天目山系中。

王明达等考古学者曾在良渚遗址群及其西部进行过短期考察，结合地质构造分布图，认为天目山脉有生成玉矿的地质条件。

但是，中初鸣与原料产地有一定的距离，与周边良渚文化遗址也有相当的间隔。

还有一些半成品，也有点特别。

比如有块半成品原来是一个成型的器物，可能是玉钺，但碎了，良渚人没有扔掉，而是废物利用琮芯，进行再加工。

"这跟我们在塘山金村段发现的玉料情况一模一样，塘山也有很多废的玉琮、玉璧、玉钺，当作废料来加工，这么神圣的刻着神像的琮，照样射口被切掉，去做低端的锥形器去了。"方向明说。

总结一下：工厂不做玉钺，也不做玉琮，订单产品单一，产量大，玉料来自山上，不是河滩里捡的。

那么，良渚人是怎么把玉料带到中初鸣来的？既然是山上开采来的，又是谁给他们的？

方向明还有一件事想不通，跟中初鸣看似无关，实则有关。

在良渚文化中，几乎所有的玉器都有神像的影子，神像完全主宰了良渚玉器，从早到晚，一直存在。

但画遍良渚玉器的他发现，神像到了最后，拐角怎么变得不圆润了，方方正正的，这种风格的变化，会不会跟它的材料变化有一定关系？

"本来椭圆画得很椭圆，'眼角'也很圆润，弧线很美，但到最后，线条开始变得有点傻乎乎的，我经常说有点呆板，这就很奇怪。有人说是不是人群发生了变化，但这已经是没有答案的了，那批人群已经找不到了。而且如果人群发生变化，陶器什么都应该有变化，不可能只是玉器的问题。可能有多重因素，材料是一个大方面。"

未解之谜很多，但此地的意义，明确无疑——

良渚晚期用玉和获取方式发生了重大变化，是良渚晚期社会发生嬗变的征兆之一，也为正在寻找玉矿的课题组提供新启示；

有别于以往发现的各类各级良渚文化遗址，它是良渚文化田野考古的新内容；

它是继良渚古城外围庞大的水利系统、临平茅山大面积的水田，以及玉架山多环壕聚落的又一重要发现，丰富了良渚古城外围考古的内容；它反映了远距离大规模专业生产的模式，为讨论良渚文化晚期的社会结构、聚落模式和手工业经济模式提供了丰富的资料。

这是一笔有"问题"的订单，却让人觉得有些兴奋，中初鸣的出现，让我们离答案，离良渚人又更近了一步。

悬疑剧放到这里，关于这笔订单的内容，可以说已经巨细无遗。但是，如何解开良渚人的秘密，考古人的目的，并不是解决玉料的原料，或者什么工艺，而是这些材料背后反映了什么。

　　有一个关键问题，很多人会问起：这笔看上去档次不高的订单，跟王有没有关系？王知道吗？

　　换句话说，德清中初鸣的这个制玉遗址作坊群，跟良渚古城，有什么关系？

　　这两年，方向明经常从杭州城西的家出发，骑车到德清，31 公里，骑 2 个小时，对这位运动狂人来说，小菜一碟，这是从杭州到遗址最近的路线。

　　而良渚古城离德清中初鸣的距离，只有 18 公里，开车半小时就到了。

　　他们离王还是很近的，比茅山和玉架山都要近。

　　严文明先生曾在《华夏文明五千年，伟哉良渚》中说，"茅山遗址发现的八十多亩的水稻田，很可能是良渚国的国有农场"。

　　有国有粮仓，有国有农场，那么中初鸣，是一个跟良渚古城有关的国营制玉集散中心吗？

　　听方向明从几个角度来分析。

　　先说说这 18 公里的距离，跟古城有没有关系？

　　北京大学教授、中华文明探源工程首席专家赵辉说过，良渚古城的粮仓被烧掉，这里 2.4 万斤（莫角山东），那里 40 万斤（池中寺粮仓），可以推断古城的人口数量在 2 万人左右。于是，浙江省文物考古研究所的郑云飞博士推算出了当时的粮食亩产量：141 公斤，300

斤不到。

如果是这样的亩产量，按照茅山来算的话，要 2000 到 3000 个那样的村落（遗址）来支持良渚古城的日常运转。因为古城里的人不劳动，不种水稻，那这 100 平方公里的范围，是远远不够的，所以我们的调查范围拓展到了 1000 平方公里，自然就包括了余杭的东部，以及德清。

所以从距离上看，此地需要被王照顾到，反过来说，也需要为王服务。

另一方面，还是刚才那个问题，这样大规模的制玉作坊遗址，原料从哪里来？德清不产玉料，良渚人还是要跑到良渚古城所拥有的玉矿这里来。

第三方面，来看墓葬。

保安桥遗址点发现的四个墓葬中，陶器的组合方式，就是鼎、豆、罐、壶，这和良渚遗址群、临平的墓葬出土的陶器一模一样，属于良渚人的标配，成组锥形器作为头饰，更是典型（图 1-69）。

但是，到了嘉兴地区就会不一样，像海宁小兜里的盉就特别多，包括桐乡新地里，酒水器比较发达，而跑去上海看，双鼻壶就会特别多（双鼻壶很少埋在墓里）。但中初鸣的酒水行业好像看起来不发达，"我想喝酒肯定是喝的，可能因为离王挨得比较近，比较严格，不太敢喝多，禁酒，否则刻玉器要眼花的"。方向明开了个小玩笑。

图 1-69　中初鸣遗址保安桥 M1

所以，这个遗址，现在专业表述为良渚古城外围大型制玉作坊遗址群，跟水坝一样，前缀也是"良渚古城外围"。

再回过头看交通环境。

方向明觉得，这里的地理位置其实蛮有意思的——近，但还不是特别方便。

我们说此地水路发达，但这句话其实有另一层意思，虽然它靠近现在的苕溪和京杭大运河，但水网发达，就跟摆迷魂阵一样，隐蔽性很强，容易到死胡同里去。

所以，这个地方做玉器，并不是特别适合，与原料产地有一定距离，周边也没有特别大的聚落，方向明认为种水稻也有难度，太低洼，台面的海拔只有 2 米多。雷甸的甸，草甸子，说明此地地势低洼，"无人机上去一拍，全是水汪荡"。

为什么良渚人费尽心思要把制作低端玉器的工厂放到这里？

现在，我们还无法完全解决这些问题，"如果最后确定与良渚古城存在密切的关系，这意义的重要性就更毋庸赘述了"。

接下来，考古队员会进一步了解这批订单产品的流通、支配，将做大量矿物学微量元素的检测，来确定这批产品的去向，它的背后买家，究竟是谁（图 1-70）。

手工业考古，就是这样烦琐，但，值得期待。

2019 年，中初鸣的调查也在继续，随着长江下游国家大课题的开展，以良渚古城为核心的区域系统调查工作已经全面展开，调查重点将以雷甸为中心，覆盖 200 余平方公里。随着调查的开展，该区域的面貌及其与良渚古城的关系将会越来越清晰。

记者和方向明也有以下的对话：

记者（以下简称记）：中初鸣重要在哪里？

方向明（以下简称方）：遗址群面积大，年代和性质明确，是迄今为止中国新石器时代发现的最大制玉作坊遗址群，丰富了良渚古城

图 1-70 考古队员正在做墓葬清理工作

外围考古的内容，更体现了良渚文明和良渚古国的高度发达。

记：做玉的群体是谁？

方：单一遗址规模不大，可能是小家庭式的作坊模式。

记：玉料怎么样？

方：玉料主要为蛇纹石玉，比较低端，山料特征鲜明，说明良渚晚期用玉和获取方式发生重大变化，是良渚晚期社会发生嬗变的征兆之一，也为正在寻找玉矿的课题提供新启示。

记：玉料来自哪里？

　　方：山上直接开采，目前有迹象显示，有可能来自西侧的天目山系中。

　　记：制玉工具是什么？

　　方：燧石，可用于雕刻和剖料切割前刻划，是继江苏磨盘墩、丁沙地、良渚塘山金村段、古城钟家港之后的再次确认，可明确为良渚琢玉的必备工具，是真正的"他山之石"。

　　记：做哪些产品？

　　方：产量大，种类单一，以锥形器为主。我们将通过无损微量元素和同位素测试的比对，确定产品的最终流向。

　　记：良渚人的制玉作坊之前也发现过，为什么确定这里是制玉作坊遗址群？

　　方：遗址出土的大量玉料、玉器半成品、残件、少量成品和磨石、砺石、雕刻器等加工工具，以及相关遗迹现象，是确认专业性制玉作坊遗址的重要证据。

　　光说作坊，那多了去了。比如良渚古城钟家港，河道里什么都有，有做骨器的，有做漆器的，有做玉器的，也有做石器的，我们都说是"百工"。塘山金村段，也是玉器作坊，但规模不大，而且金村段不排除做石器的可能性，也有可能做箭头（石镞）。而中初鸣不做石器，也没有发现石器的半成品，以及其他类型的产品，是纯做玉器的。

玉器是良渚文明的重要因素，发现一个制玉作坊群就极为重要，不能因为它产品单一，低端就轻视它。发现的规模范围那么大，才叫遗址群，进一步工作，不但要解剖麻雀那样了解每个遗址点的生产格局，还需要总结整个群的生产模式，这对于讨论良渚文化晚期社会结构、聚落模式和手工业经济模式非常重要。

记：既然找到了做低端玉器的作坊群，做高端玉器的作坊遗址群在哪？有可能发现吗？

方：我觉得发现的可能性极少。透闪石软玉利用程度相当高，比如镶嵌（粘贴）技术，有些小的玉粒，比米粒还小，还会装饰到漆器上，也就是说，该用上的玉料都最大可能利用了，所以不可能像中初鸣，废料、半成品就这么扔掉，被我们发现，因为材质不好，比如边角的地方，不只是坑坑洼洼，还有气孔，那什么都做不了，所以切到一半，就扔掉了。

但像高端的透闪石软玉，本身质地就好，外表烂的东西全部随着河流的滚动已经掉了，剩下的已经是精华，所以会把这些皮啊什么的全部利用起来做玉器，所以我们平时看一些玉镯子上有些凹缺，不是有意的，而是原来玉料上就是这样。最典型的例子，就是琮王，下角有一块凹缺，但还是特意刻了纹样，可见作为当时王墓的 M12，已经最大程度利用了这块玉料，否则不会这么委曲求全。

这个制玉作坊遗址群的确认，说明良渚文化晚期，除了高端产品为代表，还存在多种经济形式，可能还存在不同经济模式，这预示着重大的社会变革。中初鸣制玉作坊遗址群，是良渚文明和良渚古国高度发达的重要体现。

（原标题：《"良渚玉"出征 2018 全国十大考古终评，现场 16 分钟的演示，我们细细讲给你听——这是一份良渚古人的淘宝订单》，2019-03-29）

One Dig for Five Millennium :
Liangzhu in the Eyes of an
Archaeological Journalist

一小铲和五千年：考古记者眼中的良渚

第二章　那些人物

图 2-1　1939 年的施昕更

一　施昕更：在良渚生，为良渚生

1936 年 12 月 23 日，这一天的《东南日报》上，有一篇题为《西湖博物馆在杭县发现黑陶文化遗址》的报道，做了这样的描述——

"西湖博物馆馆员施昕更，最近因调查杭县地质，在该县境内，发现黑陶文化遗址多处，遗址见于距地表约二公尺之池底，包含于黑色淤土层之内……考古家认为其为远古东方之固有文化，为构成中国最早历史期文化重要份子，时代在殷商以前……并据施君在杭县一带屡次之调查，对于地层上蕴藏情形，已渐明了。"

　　这是目前可以查到的最早介绍良渚遗址发现的史料。同为考古记者的我，有些好奇，不知当年撰写这篇报道的记者，是否采访到了施昕更呢？

　　当然，80年前，谁都没有意识到，这位只有25岁的清瘦书生，就是良渚遗址的发现者。人们更没想到，3年后，施昕更因为感染猩红热，英年早逝。（图2-1）

　　那是他28岁短暂一生中唯一的一次田野考古。

　　施时英的办公室在良渚遗址管理所，从办公室窗口望出去，就是莫角山遗址，也就是我们说的良渚古城宫殿区，相当于当时的紫禁城。离办公室的北面不多远，则是著名的反山王陵。他经常会想，爷爷施昕更是否也曾走过他窗前的这条路，在那片已经湮没在历史中的池塘、泥土里，寻找着良渚的星光。

（一）常书鸿教过他画画

　　施昕更并不是考古科班出身，但是，他会画画。

　　原余杭县（现为余杭区）文管会办公室副主任王云路，1990年左右因为建设良渚文化博物馆，去北京常书鸿家里恳请题词，常书鸿跟他清楚地提到，自己曾经教过施昕更画画。

　　1929年，杭州举办了第一届西博会，施昕更的绘画功底派上了

图 2-2　西湖博览会艺术馆筹备处参事暨职员合影，右坐者为施昕更

用场，当上了西湖博览会艺术馆甲部的管理员。那年，他18岁。那时，艺术馆的馆长是林风眠。(图 2-2)

1930年春夏之交，施昕更进入浙江省立西湖博物馆地质矿产组，从事地质矿产工作，除了绘图，他在西湖边、灵隐飞来峰、保俶山进行野外岩石标本采集工作。

1933年5月，施昕更发表《地质矿产组回顾与展望》，在文章第四部分，他写道：中国乃至世界最大之学术荒山也，科学发明之黄金世界也，研究材料俯拾皆是，未解决问题，多如乱麻，学术机关之责任，重大可知。

这是一个21岁的年轻人，对当时中国学术界的见解。

（二）一两片黑陶片

　　浙江省文物考古研究所研究员方向明，在《良渚考古八十年》一书的《发现》篇中提到，20 世纪 30 年代，史前考古学在中国兴起，随着江浙财团的形成和发达，一些有识之士开始挑战"江浙古无文化"的传统思想。

　　1936 年 5 月 31 日，考古学家卫聚贤等在杭州古荡试掘了一天，博物馆命施昕更也去参加。

　　他从来没有参加过任何考古工作，只不过对考古一向有兴趣，所以那些年来，他在浙江省各地调查地质时，也同时注意到了近代文化地层的研究。

　　施昕更觉得，馆里让他参加的原意，是要他去记载地层情况的。但是，在短短一天的发掘中，他发现搜集的实物在他的故乡良渚是司空见惯的东西，以一种长方形有圆孔的石斧居多，或者称石铲，以前他认为这是和玉器差不多的东西，所以没有去注意它。但是，其他的石锛、石镞等，他此前从未在浙江境内见到过。

　　就在古荡试掘第二天，他便迫不及待回到故乡良渚搜集开了。果然，除了石铲之外，他意外地又得到许多不同形式的石器。

　　得到了，是不是就结束了？

　　从下面这句话中，我们可以感受到，这个年轻人带着明确的考古目的——"我又觉得，以收购的方式，是太不科学化、太幼稚。"当时的施昕更这样说。

　　他想到利用河岸池底来观察地层的剖面，这是进行考古发掘最简单易行的办法。

　　7月，他又来良渚调查，经过多日的分区考查，他对于石器遗址的分布地点有了大概的了解，同时在枯竭的池底亲自捡到了不少石器。

　　11月3日，施昕更的第三次摸底有了突破。他在良渚镇附近棋盘坟的一个干涸池底，发现了一两片黑色有光的陶片。回到杭州后，他参考了各种考古材料，尤其受"中国第一部田野考古集"《城子崖》发掘报告的启示，悟及这些黑陶与山东城子崖黑陶文化，为"同一文化系统的产物"。

　　放下黑陶，施昕更很兴奋，这激发了他莫大的勇气与兴趣。

　　我们后来知道了，这一两片黑陶，就是著名的良渚黑陶。

　　接下来，西湖博物馆馆长董聿茂先生的一个决定，定义了历史。

　　他对施昕更的新发现非常重视，馆方依照当时国民政府颁布的《古物保存法》第八条之规定，呈请中央古物保管委员会，取得了发掘执照。

　　这一举动，并非个人行为，而是良渚文化的首次科学考古发掘。

图 2-3　《良渚》考古报告书影

　　当时发掘执照批下来的发掘时间，是 1937 年 3 月 20 日到 6 月 20 日。而施昕更的三次发掘时间，其实是提前了。事后，这位"耿直 boy"这样解释他的"先斩后奏"："我对于这遗址的研究，更加迫切，乃不揣谫陋，毅然负责做三次小规模的发掘工作，得到意外的收获，在江南考古工作上也是一件值得纪念的事吧！"

（三）一部考古报告

　　我们现在走进良渚博物院，可以看到有一个展柜，展出了施昕更良渚考古出土遗物，最右边，放着施昕更所做的名为《良渚》的考古报告印模。朴素的白色封面上，有个直白的主标题：良渚。（图 2-3）

　　如果施昕更没有写这一部考古报告，历史的面貌或许会不同。中国社会科学院考古研究所所长陈星灿认为，这是历史上第一次准确无误地向学术界展示了长江下游的史前文化。

那为何是"良渚"，而不是古荡、双桥，或者其他？要知道，施昕更当年调查、试掘列举的 12 处遗址地点，并没有一处叫"良渚"。

因为当时，施昕更考虑到，最新的考古报告都以地名为名，他也仿效了此种做法。"遗址因为都在杭县良渚镇附近，名之良渚，也颇适当。渚者，水中小洲也；良者，善也。"

施昕更凭借这部《良渚》报告，以及他在良渚文化考古方面的开创性工作，奠定了"良渚遗址的发现者"和"良渚文化的发现人"的学术地位。

施时英的抽屉里放着一本后来重新出版的《良渚》，但他现在不敢看了，"和爷爷比较一下，我确确实实差得太远了，很惭愧。他对良渚的情结……你只要读一读卷首语就知道了"。

书的扉页上写着一句话：谨以此书纪念我的故乡。

"这本报告，是随着作者同样的命运，经过了许多患难困苦的历程，终于出版了……遥想这书的诞生地——良渚——已为敌人的狂焰所毁灭，大好河山，为敌骑践踏而黯然变色，这报告中的材料，也已散失殆尽，所以翻到这书的每一页，像瞻仰其遗容一样的含着悲怆的心情……"施昕更没有依常用考古用语写卷首语，而是字字溢满了悲伤。

"（民国）二十七年八月重印，昕更志于瑞安"，"重印"二字背后，又是一段波折。

一年前，即 1937 年 4 月他其实已经写完报告，准备在杭州印刷厂付印，后来因为制图版很费周折，照片制版交给了上海科学公司承印。

7 月 7 日，卢沟桥事变的一声炮响，让所有人都坐不住了。西湖博物馆为躲避战火，必须南迁，可是此时，《良渚》报告还在印刷之中。

施昕更的脚，没准备迈一步。他独自暂避良渚，坚持继续负责印刷的工作。

战火还是烧到了杭州。1937 年 12 月 24 日，杭州沦陷。《良渚》的印刷被迫中断，连已经制好的图片锌板也无法带出。

他不得不抛弃这间相依为命的研究室，但是他的手，没有离开过这份报告。"科学工作者必须以最后一课的精神，在烽火连天中继续我们的工作。"

施昕更把报告的校样寄存良渚，自己带着一部原稿，赶去博物馆所在的地方。

此时，博物馆已经迁到兰溪。看到稿子完好无损，馆长董聿茂决定，重新印刷，但由于战事紧张，博物馆只有两三百块经费，馆里还有五个工作人员需要生活。董馆长只好带着稿子冲到已经迁往丽水的浙江省教育厅，以珍惜学术著作为由头，要求拨款付梓。

秘书长看完稿子，同意由教育厅出资印刷。此时，陆路已经不通，只能走海路。温州是无法印了，只能去上海。于是，施昕更的好友钟国仪带着稿子，绕道温州，去了当时已经是"孤岛"的上海付印。同时，又委托卫聚贤先生校对。

此时，施昕更的次子建良患病，医治无效夭亡。

国难当头，在田野考古活动几乎完全停滞的中国，个人都难以保全的时刻，一部考古报告，竟活了下来。

讲完故事，施时英说了好几次"惭愧"，他现在的工作，似乎都是琐碎的事——有违章，有盗掘，他就要给村民做协调工作；一条河，这边能造房子，那边不能造，同一个组的村民想不通了，他就要喋喋不休地讲道理，"这里是良渚遗址重点保护区，这里是 5000 年的历史，你造房子肯定是不行的"。

良渚镇的村民们都知道，施时英是"铁板一块"。

祖孙俩隔了 80 年，脾气性情是一脉的。一个发现，一个守护。

"我以前不懂，可是这篇卷首语看了好几遍，他对良渚的这种情结……"施时英突然说，"你知道我爸爸叫什么名字吗？施忆良。"

（原标题：《25 岁的他平生第一次，也是唯一一次野外考古给了良渚。28 岁的他英年早逝，他的考古报告却奇迹般在战乱中得以保存。施昕更：在良渚生，为良渚生》，2016-11-27）

二 57 人，再探良渚，守护良渚

从杭州出发，穿过良渚镇，接近瓶窑的地方，有一个起伏明显的高土台。杭州著名的水果基地——大观山果园，便建在此。可很少有人知道，5000 年前，这片果园曾经地位显赫，王侯聚集——它是良渚古城的宫殿基址，名叫莫角山。

2012 年 4 月底的一个清晨，浙江省文物考古研究所副所长刘斌，从莫角山东坡下的一间楼房里走出来，和同事们一起在小山坡上挖地、测土。这几间旧楼房，曾是果园职工的宿舍，如今成了良渚遗址考古与保护中心的工作站，刘斌的半个家。

2008 年，良渚古城入选年度全国十大考古新发现。这些闪耀的背后，离不开浙江考古人的艰辛。

(一) 57 人，发现 5000 年文明

2007 年 11 月 29 日，良渚古城被发现的消息正式公布。从那刻起，研究员王宁远便从朝晖九区的家，搬到了这间狭小的房间里。

王宁远说，要是穿越回良渚时期，这个工作站的地位，就相当于宫殿的边缘，保护着中心居址，而他们，便是古城的守护者。

杭州市良渚遗址管委会主任吴立炜是刘斌的战友。2007 年，队员们刚搬来此，房间里没有安装空调，一到夏天待在房间好比蒸桑拿。他有些不忍："这些都是替我们寻找历史的人啊。"

他手脚麻利地替考古队装上了空调，"考古队员跟我说，这已经算很好了，在别的（考古）工地，都是搭个茅草房，连门都没有，一住就是一年半载"。

对此，考古队员们只是轻描淡写地说，"习惯了"。人员稀缺，才是考古所面临的最大问题。

浙江省文物考古研究所只有 57 个考古队员，却要处理全省 50 多个考古工地，根本忙不过来。但就是这样一支"弱旅"，却发现了实证中华 5000 年文明的良渚古城遗址。

（二）考古一小铲，历史一大步

"你看这些黑黑的稻子，就是当时的粮食，有两三万斤，还是两次失火后剩下的量，实际的库存量应该更多。宫殿里的人到底是什么身份，别人要向他们进贡这么多的粮食？"王宁远带记者来到了莫角山正在发掘的工地前（图 2-4）。

烧黑的稻子、陶片，甚至吃剩下的猪骨头，遗址里的这些物品，一点不剩地被打包带回库房，这些蛛丝马迹都是测年的好帮手。

图 2-4 考古队员在莫角山根据土样分层

考古人一小步，历史前进一大步。2006 年 6 月，刘斌带考古队在葡萄畈进行试掘。

一条良渚时期的南北向河沟的发现，让刘斌感觉有戏。随后，洛阳铲一把下去，在四米多深的地方，碰到了石块。考古队经过局部"解剖"发现，这是由人工堆筑而成的。

如今，刘斌正在为良渚古城申报世界文化遗产做准备。他说，良渚古城和埃及金字塔是同时期的产物，都诞生于 5000 年前，而良渚古城建造的工程量不亚于金字塔。

"你会用什么方法去了解古埃及的历史？"刘斌突然问记者。

"去看金字塔。"记者不假思索地回答。

刘斌神秘一笑:"那要让全世界知道良渚古城,最好的方法,就是来这里看看。"

(三)结婚一年,分居十月——一个 80 后的考古生活

在考古队里流传着"嫁人不嫁考古郎"的玩笑。研究所所长李小宁说,所里的田野考古队员几乎一年 300 天都在外面跑。

仲招兵是所里两个 80 后中的一个,北大硕士毕业后,由于热爱良渚文化,他来到杭州,结婚一年间,却有 10 个月都和妻子两地分居,"我们都做着自己喜欢的工作,所以都互相支持"。

游晓蕾则是 85 后,2011 年进来后,每天跟着老师做野外调查。

同龄女生,节假日泡商场、咖啡馆,可陪伴游晓蕾生活的,除了荒无人烟的工地,就是坟墓、陶片、黄土。

女孩子爱漂亮,野外日头大,她每天涂三次防晒霜,还是不可避免地被晒黑了。"辛苦是辛苦,但我们做的都是抢救性发掘,虽然常常重复做一些田野考察,可是惊喜永远在等待我们。"游晓蕾说。

(原标题:《他们,将"浙江人"的历史提前到 100 万年;他们,发现了实证华夏文明的良渚古城。57 人,再探良渚,守护良渚》,2012-05-03)

三　牟永抗：踏野寻古

敲开考古学家牟永抗的家门，老人正拎着袋子准备出去，一看到记者，他拍拍脑门："哎呀，我记错时间了，以为你是明天来呢！"

可坐下来，聊起浙江考古走过的历程，忆起那些展现岁月印记的重要发现，老人的脑袋里，好似装着一本考古学辞典——

"1973 年 7 月 3 日，我们坐着消防车去河姆渡车站""二里岗发掘，我被分到 C 九区最重要的 H111"……

每一个时间点，每一处墓葬的编码，每一次发现的陶片数量，在老人的心里，明镜一般。

2012 年，牟永抗 79 周岁。浙江省文物考古研究所的年轻人要为他做 80 岁寿辰，老人觉得不合适，"考古所比我年纪大的人很多，他们都不做生日，我怎么能做？不要做 80 岁，要做就做考古工作60 年"。

他说，他是 1953 年 5 月 5 日调到考古所的，"古龄"60。

说着，老人兴奋地从书房里，找出了那天的照片，红色的横幅上写着：牟永抗先生 80 寿辰暨从事考古工作 60 年座谈会。

80 大寿的生日会，硬是被老人开成了考古座谈会。

20 世纪 60 年代以前，牟永抗便参与了浙江境内几乎所有重要的考古发掘工作。

随着湖州钱山漾、湖州邱城、淳安进贤高祭台等重大遗址的发掘，他探索出浙北地区新石器时代考古学文化面貌和发展序列，提出了太湖流域的原始文化是中华民族形成过程中不可分割的重要组成部分；

他参与了两次河姆渡遗址发掘，提出河姆渡一至四期文化的概念；

而在良渚遗址群各重要遗址被发掘后，牟永抗又围绕以玉器为代表的良渚文化，从物质和精神两个层面进行研究，阐述了良渚文化神崇拜、东方史前时期太阳崇拜等论点，重新提出了"玉器时代"的重要观点，推进了中国早期文明进程的研究。

60 年，步履不停。问老人，是不是就在野外，跑了 60 年？

老人想了想，说："我的立足点就一条——野外作业，这是考古学的突破口。没有野外工作，就没有考古学。田野作业得来的新材料、新信息，才是解读历史的开始。"

20 岁那年，牟永抗第一次踏进浙江省文物管理委员会的大门，便注定要和考古打一辈子交道。虽然当时，他连"考古"两个字，都没

图 2-5　1954 年 9 月，21 岁的牟永抗（后排左二）与考古训练班三期四组同学们一起，在半坡遗址的发掘工地

听过。（图 2-5、图 2-6）

　　参加考古训练班，吃冷馒头，冬天穿着单裤，睡在墓葬上，一次次的野外实践让他明白，原来考古还被称为"锄头考古"，原来"考古考古就是吃苦，吃不了苦就考不了古"，原来平底脚的人不能考古——因为需要走很多很多路。

　　可是，在牟永抗看来，中国考古学这条"路"，更要走进整个地球村中，找寻属于东方文明的耀眼曙光。

　　"我要提出一个严肃的问题，现在很多所谓文物鉴宝，都是背离

图 2-6　工作中的牟永抗

考古学本质的。"

　　先生用手指"笃笃"地点着茶几，"考古学的科学价值，是重新认识历史，重现中华民族的过去，重新建立东方的观念形态，考古学靠的是知识分子群体的力量。而不是说，这个东西，这幅画，值多少钱。听到这样的话比打我耳光还痛"。

（一）老和山遗址："不是考古发掘，那是捡东西"

1952 年 6 月，由文化部、中国科学院和北京大学联合举办的第一期考古培训班开班。在此之前，中国并没有大学设考古系，它被业内人称为"考古黄埔班"。1954 年，21 岁的牟永抗进入了第三期训练班学习。之前，他刚在杭州老和山遗址，完成了人生第一次考古发掘。

但课上老师的一句"老和山不是考古发掘，而是捡东西"，让他发现，考古不是那么简单。

记者和牟老之间有这样的对谈：

记者（以下简称记）：您被分配到浙江省文物管理委员会工作时，对考古了解多少？

牟永抗（以下简称牟）：在这之前，我连考古两个字都没听过。报到还不到一个星期，我就被派去参加老和山遗址的考古发掘，就是现在浙大玉泉校区学生宿舍。

考古所的王文林是我第一个老师。发掘现场，前面有人负责挖，挖出一样就给我们看。王文林说是（文物），我就拍个照。但究竟是什么，我根本不知道。

记：参加完这次发掘，您就去了第三期考古训练班，训练班主要讲什么？

牟：训练班上了三个月，一半室内讲学，一半野外实习。

我们的老师有研究原始社会考古的尹达，教封建社会史的翦伯赞，研究旧石器时代考古的裴文中，还有教奴隶社会史的郭沫若，都是全国知名的考古学大家。

记：您当时已经有了考古经验，在班里应该属于"老资格"了吧？

牟：是啊，我当时很为自己这一年多的"考古经历"自喜。

班主任裴文中先生上第一课时讲了中国考古学的历史。课间休息时，我就问："裴老师，杭州老和山的发掘，你为什么没有讲？"

没想到，他大声回答："老和山不是考古发掘，那是捡东西。"这句话对我刺激很大。原来，考古学不是我想的这么回事。从此以后，我学习特别认真。

记：哪一次的考古发掘，是您真正意义上的"进入"考古学？

牟：考古训练班结束以后，文管会就派我去支援河南郑州的考古发掘。在郑州的那一年，才是我真正意义上考古的开始。

我参加了二里岗的发掘，这是新中国成立后发现的又一个商代遗址。我被分到 C 九区 H111 灰坑，这个灰坑里面，埋了七头猪，三个人头骨。人头骨上还挂了两串用鳄鱼骨头串起来的项链。

我蹲在单人沙发这么小的坑里一个礼拜，中午吃几个冷馒头，冬天只穿单裤，为了御寒我学会了喝酒。晚上睡觉，就在一个宋墓上面铺床棉被。第二年夏天我才发现，棉被上烂了一个我人形状的大洞。

（二）河姆渡遗址："保护文物如救火一般"

1973 年，余姚河姆渡遗址被发现，11 月 4 日，牟永抗参与了河姆渡遗址的第一次发掘和整理。无论是发掘人员的数量、学术素质，还是发掘规模，都超过了浙江境内以往任何一次考古发掘，也是浙江考古经历 10 年空白后，又一次野外实践。

1976 年，牟永抗起草了《河姆渡遗址第一期发掘的主要收获》。1977 年春，他主持并完成了三十余万字的《河姆渡遗址第一期发掘报告——"河姆渡文化"的断代及其内涵》。在递交给中国考古学会成立大会暨第一次年会的《试论河姆渡文化》一文中，牟永抗提出了河姆渡一到四期文化的概念，对河姆渡文化的内涵、四个文化层之间的关系，以及与马家浜文化的比较及年代问题等进行了完整的论述。

记：河姆渡遗址当时是怎么被发现的？

牟：1973 年，余姚文化馆的许金跃打电话给我，说他在姚江边上发现了石器和陶片，而且陶片是厚厚的、黑黑的。

当时，我马上给浙江省查抄文物清理组的周中夏汇报情况。他告诉我，刚好有同事在宁波出差可以去看下情况，第二天同事回杭时，就带来了发掘出的骨器、石器和陶片。大家都感到十分新奇，觉得应该进行抢救。

当天中午，我们到达余姚县城后，发现已经没有任何公共交通可以去现场了。

文化馆馆长郑保民就向邻近的县消防中队借了一辆消防车，我们一行像消防队员一样单手紧握拉杆，侧身分立消防车两侧，到达离现场最近的河姆渡车站。

这种经历让我感到，保护文物真的如救火一般。

记：这次发掘，最重要的发现是什么？

牟：我们在编号 T3 的深沟里，发现了叠压在黑色陶片之上，还有一层以外红内黑泥质陶为代表的文化层。

这种泥质陶 1957 年冬在湖州邱城的下层被发现，当时被认作是浙江境内最早的新石器时代文化遗存，那么现在在它之下的黑色粗质陶片，应该属于更原始的史前文化时期，这是事先未曾想到的收获。

这次发掘，彻底扭转了以中原为中心的中国考古学框架。

河姆渡、钱山漾、邱城这三个地方，经过测定，年代都比中原文化早，就此正式打破了"中原中心论"。

河姆渡文化距今约 7000 年，它的发现被写入了历史教科书。

（三）良渚文化："以地球村的眼光看待中国考古学研究"

　　1986 年、1987 年，以反山、瑶山为代表的良渚文化显贵墓地出土了大量玉器，牟永抗把"玉"的特性归纳为刚柔共济、温润淡雅。

　　对于史前古玉与中华文明起源的研究，牟永抗提出了独特的理论和见解。他重新提出了"玉器时代"的观点——玉器时代是中华文明出现的独有特征。良渚玉器上的神人兽面图像，是从人格化向人形化演化中的东方太阳神。东方的太阳神是东方文明独立起源的有力证明。

　　古人追寻那一束温润淡雅的"光"，是东方太阳崇拜的物化，折射到尘世的代表，便是玉、丝和漆。这三种物质，都出现在新石器时代，代表了东方温柔优美的生活方式，清淡雅致的精神世界。

　　记：在良渚文化的研究中，您重新提出"玉器时代"，如何解释这种提法？

　　牟：进入文明社会，是人类的一大进步。东方进入文明社会的重要标志，是玉和礼仪制度。

　　《说文解字》释"靈"字下面的"巫"，为"以玉事神"。玉是巫献给神的礼物，说明玉礼器在礼仪制度中占有重要的地位，是东方进入文明时代的标志。

　　良渚文化中的玉礼器，就是东方史前艺术的瑰宝。

但我提出"玉器时代"的核心是：东方观念里面，对"人神合一"的观点要辩证地看。它有推进社会前进的一面，也有束缚和落后的一面。所以，我认为以水为背景的东亚南部的文化，更能解读中华文明的起源。

记：您提出要以地球村的眼光看待中国考古学研究，为什么这么说？

牟：在浙江引进考古学以后，江南一带呼吁探索考古学的人，都不是学考古的。比如张天放，是学经济的。发现良渚的第一人施昕更，是学地质学的。

浙江地区的考古事业的发展，表现了一种知识分子的觉醒。他们通过历史资料，重新解读历史，获取考古学成果。这是在地球村的今天，全球经济一体化的今天，应该重新思考的东方观念和形态。

原标题：《他坚持以野外工作为考古的生命，60 年来步履不停，连八十大寿都被他开成了考古座谈会 牟永抗：踏野寻古》，2012-12-21 ）

四　他是沙漠里的一根草，环境越恶劣越能扎根

2017 年 2 月 10 日早上 6 点 12 分，著名考古学家牟永抗先生因病去世，享年 83 岁。

这些天，作为牟先生最亲密的学生，浙江省文物考古研究所研究员方向明到老师办公室整理遗物。

三只抽屉式的小木箱摆在方向明面前，棕色，陈旧，木纹斑驳。

这种箱子，是 20 世纪 80 年代，考古所给每个研究员准备的。牟先生退休后，把箱子留在了办公室，对同事们说：这些东西，就放在你们这里吧。

方向明用软布轻轻拭去木箱上的灰尘，打开箱子，里面有一只只中药包似的包裹，用塑料绳子捆得很扎实。

当已经有些脆的包裹纸轻轻打开，一块块沉甸甸的石钺、石斧出现在方向明面前：这是牟永抗在野外考古采集的标本。扁平的石钺边缘上，隐隐辨得出已经漫漶的字迹："1981.5.1 余杭大观山"。

这是老师的字。方向明一眼就看出来了，用墨书工整地写明出土

地点，是老先生的习惯。

另一只箱子里，放着修复器物用的工具，还有生锈的大头针、发黑的小橡皮、只剩半截的铅笔头……

一个蹲在泥土前，拿着刮子刮面，用自己制作的竹签细细剥剔器物的形象，随着这些旧物的出现而浮现。

1978 年春天，当时还年轻的牟永抗，和另一位考古学家王明达来到海宁徐步桥遗址，为了找出"良渚文化的墓不是平地掩埋"证据，两人天天围着太阳打转：为了辨认墓坑，正光、侧光、逆光，太阳什么时候变幻光线，他们就盯着泥土观察，边找边用手铲剥剔，一天又一天，不紧不慢，不急不躁。直至第一次完整发现并确认了良渚文化的墓坑。

箱子里的旧物，正是浙江一位考古人风吹日晒于野外的记录。

这就是简单的技术活，单调，重复，需要耐心。考古所研究员郑嘉励说，"只有'纯正'的田野考古学家，才会做这些事情"。

考古所的考古专家坐在一起说起牟先生的往事，大家感慨：浙江考古的一个时代结束了。

为何这样说？

在杭州，曾有一块重要的门牌号码：环城西路 20 号。那幢民国别墅风格的办公室里，曾坐着这些人：沙孟海、邵裴子、郦承铨、陈训慈、朱家济、王士伦、汪济英等。1953 年，20 岁的牟永抗也成为这个重要学术机构——浙江省文物管理委员会的一员。如今，那些星光，一颗颗熄灭了。

浙江省文物考古研究所所长刘斌还记得，1985 年在离开吉林大学前往浙江考古所工作时，张忠培先生（那时还是吉大老师，后调任故宫博物院院长）叮嘱他：到浙江工作要好好跟随牟永抗先生学习，他和南京博物院的纪仲庆先生都是考古大家。

到了所里，刘斌就跟牟先生一个办公室，发掘良渚反山、瑶山两人都在一块儿，牟先生很骄傲，时常说："刘斌是我向张先生要来的一个学生。"

刘斌发现，牟先生对于整个中国考古学的问题、大历史的问题，有着不同于一般人的学术史观点。而且，不同于很多考古学家的不苟言笑，牟先生很有性格，他有两个外号：大头、弯弯绕。

大头，是说他脑袋里装了太多东西；弯弯绕，是说他思维和说话的方式很独特，不喜欢直截了当说问题，喜欢弯弯绕绕。

他性子很急，尤其和别人探讨问题，讲到一些不同看法时，他的急性子就显现出来了，语调会激动起来，会坚持自己的观点，非要讨论出个结果来。

有意思的是，遇到初次见面的人，他会像查户口一样问对方："我是考古的，所以我要考考你，你是学什么专业的？你爸妈是做什么的？"

2016 年 11 月，因为要采写"良渚考古 80 周年"专题报道，记者去老人家里请教。自从 2013 年被查出癌症之后，牟永抗一直在做化疗，同事们说，他是抗癌斗士，几次都挺过来了，考古所副所长王海明说：牟老师是沙漠里的一根草，环境越是恶劣，越能扎根。

那次，先生看起来气色还不错，头发乌黑，他指着茶几上的三张照片，开始认真"兜圈子"——"2013 年 5 月 1 日，天津电视台来家里拍了我一个纪录片，"他微微一笑，继续绕，"当时中国科学院下了一个决策，要出版《20 世纪中国知名科学家学术成就概览》系列丛书。这个名单一共列入了 18 个学科，全部是自然科学，没有一个社会学科。后来提出要扩大名单，重新列入 5 个学科，都是社会科学，其中就有考古学，有 118 位考古学家入了这个名单。"

然后，他把这 118 个名字"解剖"了一遍，比如新中国成立前后各有哪几个，用他的学生方向明的话来说，他是用考古学方法，对名单进行了详细分析。

最后，他眯起眼睛总结道："在浙江从事考古工作的，一共有两位入选，一位是施昕更（良渚遗址发现者），另一位就是我。这个名单里有我，是我一辈子做梦都没想到的。"

不装，不随大流，爱恨分明，这是老人最有性情的地方。

方向明说，看到名单的那个晚上，先生一个通宵没睡，写起了自传，结果由于写得比较激动，没有"通过"，撰写任务就交给了方向明，牟老说："通不过不要紧，你写，我放心的。"（注：后来，牟老师自己写的传记，曾刊于《南方文物》2013 年第 2 期）

他对考古后辈的关注，也时常被人提起。1986 年，考古所开始筹备良渚考古 50 周年会议，除了计划发掘反山等工作外，牟先生还给大家规定论文题目，说："我们浙江作为东道主应该有一组像样的论文。"他和刘斌合写了《论良渚——良渚文化发现五十周年回顾与展望》，还给刘斌开了长长的书单，详细讲述了浙江的考古史以及中国史前考古史。刘斌用了半年多的时间阅读，最终在牟先生指导下完成了文章，"我刚刚走上工作岗位，就有这样的机遇，这对于我日后的学术道路有着十分重要的意义，所以我一直感恩牟先生"。

当然，牟先生的关爱，也是"爱恨分明"的。

方向明说："他喜欢你，就看你什么都挺好，有时候做得不太好时，他也笑着说，'可能要打打屁股了哦'。"

当然，老人也有失望的时候。"年轻人有时候会偷偷懒，觉得可以'荒废'一些时间。遇到这样的情况，他也从来没骂过我的，只是看看我，然后就走了。说明伤心到了极致。"方向明说。

牟永抗的严格，学生们都尝过滋味。王海明说，浙江考古的很多传统，都是牟老师一手培养出来的。"比如不让我戴手套，因为发掘时，戴手套和不戴手套，手感是完全不同的；不允许考古工地上有凳子，会破坏现场，我也坚持下来了，现在膝盖长期不能弯曲，但我现在还是很感恩。"

2000 年，方向明协助考古学家王明达整理反山遗址，有一天，牟先生考方向明："工艺（玉器）这块，你觉得自己掌握得怎么样啊？"

"工艺这块，我觉得掌握得差不多吧，整理和研究我没问题的。"方向明很自信。

"从平常的聊天中，我判断你及格水平肯定是达不到的。"这是牟先生的"毒辣"。

但 2006 年，方向明的妈妈病重，牟先生知道后，很严肃地跟他讲："钱够不够？我刚刚房子卖掉有一笔钱，你要是不够，尽管开口。"

1989 年，方向明来考古所之后开始整理牟永抗 1989 年后撰写的文稿，公开发表的有 100 多篇。他发现，先生从 1995 年退休后，写作精力旺盛，尤其在 2000 年前后到了高峰，很多文章都在那时写就，包括代表作之一《东方摇篮中的奇葩——中华史前古玉研究再思考》，以及关于河姆渡遗址、南宋官窑的文章。

而 2016 年，牟先生 82 岁，还为新出版的《浙江汉墓》一书写了序，这是他最后一篇文章。

方向明说，牟先生晚年时，对于自己曾经的一些"执着"也开始反思，尤其对于他一直带着的学生，他会说："不能全听我的。"

牟先生最后一次在公开场合的露面，是 2016 年 11 月 25 日，杭州良渚考古 80 周年的学术纪念会。那时的他，身体已经不好，却坚持来到现场，坐在第一排。那次，还有一位考古界前辈、84 岁的北京大学资深教授严文明也来了。纪念大会快结束时，出现了这样一幕。

严先生为良渚考古 80 年写完题词后，经过牟永抗先生身边时停了下来，两人握了握手。牟老师没站起来，因为他已经不太能站起来了。

严先生握着他的手说："我很想良渚，很想良渚发掘的那些人。"

牟先生指着自己的鼻子："有我这一个吗？"

严先生回："当然有。"

这段简单又不简单的对话，让熟知背后故事的刘斌很感慨。"老先生们在一块儿，有时候就像年轻人一样，喜欢别别苗头，这是他们可爱的一面。"严文明、张忠培，都是良渚考古的特聘顾问。严先生因身体原因，好多年没来良渚了，但对良渚感情很深。有时候刘斌和先生们吃饭，张先生好几次感叹：孤独啊，孤独。

"这不是说自己很牛，没有对话的人，而是同辈人都差不多过世了，说到某个情景，曾经的共同参与者没了，很多东西就没法对谈了。"刘斌说。

那，牟先生孤独吗？

（原标题：《钱报＜文脉＞》老人，83 岁考古学家牟永抗昨因病去世，他是沙漠里的一根草，环境越恶劣越能扎根》，2017-02-11）

五 王明达：温其如玉

1998 年，余杭良渚玉器展在香港中文大学展出，第二天，有一场良渚玉器的讲座，教室坐得满满当当。饶宗颐（原西泠印社社长）搬来一张折叠椅，挤在角落里，静静地听。当年 81 岁的他自己开车，就是为了赶来听这场讲座。

主讲人叫王明达，良渚玉文化研究专家。2013 年初秋，我们也特意拜访了这位饶宗颐追的"星"。

那天采访的地点，在他家对面的咖啡馆。偌大的二楼，王老师洪亮声音的穿透力很强，像是一场开放的讲座，引得服务员张望了好几回。

关于考古、良渚、玉器，他侃侃而谈三小时，每一次发掘的时间、地点、天气，甚至发掘出的一把玉钺的柄上有 96 颗玉粒，他都记得清清楚楚。

这位高才生，毕业于北京大学历史系考古专业，这是我国高等院校中成立的第一个考古学系。

　　他的老师里，教旧石器时代的吕遵谔，是裴文中的研究生。而裴文中是北京猿人第一个头盖骨的发现者，老先生当年一个星期出现一次，给王明达讲欧洲旧石器课。

　　王明达课程表里的"明星"老师，还有邹衡、苏秉琦、宿白、俞伟超、严文明……全是中国考古界的老前辈。

　　由于历史原因，虽然带着光环走出校门，王明达却没能大干一场。工作的地点一会儿在农场，一会儿在热水瓶厂，后来总算调到浙江省博物馆。他参加过墓葬发掘，参加过陈列布展，编过文物通讯，还发掘了一年的革命文物，几乎跑遍了全省各市县的文博单位，"我搞得很杂的"。

　　但王明达把这些杂七杂八的工作，全都当成学习的机会，"你有这个机会，就不要放弃，就去学，做任何事都要做好"。

　　1981 年，王明达接手良渚考古工作，当时良渚到底在哪里，没人说得清，他就自己走，8 个镇，走了 20 天。

　　1986 年，在杭州举行的良渚遗址发现 50 周年学术讨论会上，他根据田野考古发掘实证资料，第一次提出了"良渚遗址群"的概念，为良渚文化考古发掘和研究打开了新的视野。

　　同年，他主持发掘反山遗址，开始只找到 11 座汉代墓葬（图2-7），有人以为他搞错了，但王明达坚信自己的判断，严格按照发掘计划，仔细操作。一个暴雨将至的午后，一只嵌玉漆杯露出了朱砂

图 2-7　1986 年 9 月，反山遗址，王明达和考古队员正在遗址现场讨论（中坐者牟永抗，左侧为王明达，右侧依次为芮国耀、刘斌、杨楠）

红。5000 多年前的良渚王陵展露眼前，出土了震惊世界的玉琮王、玉钺王、权杖等一千多件（套）玉器。

"言念君子，温其如玉"，是《诗经》中对玉的描述。王明达说话做事不疾不徐，颇有风范。不过，说起收藏这件事，他回答得干脆利落："我不收藏。"

他抿了一口茶，轻放，"这是文物工作者的守则。我的任务是告诉大家玉的历史，我的底线是不参加任何拍卖公司的鉴定"。

（一）热水瓶厂：三大考古杂志全归我一个人看

记者和王明达之间有这样的对谈：

记者（以下简称记）：北大考古专业当时很牛，您是冲着这一点去报考的吗？

王明达（以下简称王）：我小时候数理化不是很好，不过呢，基础知识掌握得还是可以的，方位知识我弄得很清楚。

选择考古，是因为可以野外实习，到处跑，接触新鲜的东西，不会死读书。书本上的知识，到了野外实践之后才融会贯通。

考古就两个字：认土，把不同年代的土区分出来，这个在书本上是掌握不了的。

记：后来您一直研究良渚文化，为什么？

王：其实我差一点就去研究汉墓了。

1968 年 6 月，河北满城发现了一座汉墓，里面就有那件著名的金缕玉衣。周恩来总理把发现汉墓的消息，告诉了时任中科院院长的郭沫若，让他负责满城汉墓的发掘工作。

当时我刚分配去社科院考古所，也被分去挖墓，我的行李都打包好了，偏偏在那时，中央下了命令，"知识分子接受再教育很有必要"，于是，我就去了农场。

记：听说在社科院之后，有一段时间，您还被分配到热水瓶厂？

王：下放后，我先在浙江军区乔司农场待了两年。1970 年我去了热水瓶厂，那是个大厂，有 1800 多个员工，也有好几个大学生，不过没有文科生，他们当时急需一个拿笔杆子的，所以把我拉到了热水瓶厂，我想想有个拿工资的地方，就去了。那时候没书看，但考古三大杂志：《考古》《考古学报》《文物》，厂里居然都订了，全归我一个人看。

为了向全世界介绍新中国取得的巨大成就，同时通过文物外交的方式展示中国古代文明的魅力。1971 年 8 月，国务院发出"关于选送文物到国外展览的通知"，提出要出国举办文物展览，文件后面周总理加了一句话：专业人员要尽早归队。所以，1973 年 12 月，我到了浙江省博物馆。

记：终于回到对口单位，您马上就进入考古工作了吗？

王：我当时被分在历史组，什么都做，挖过汉墓，处理过好几个明清墓，反正那时候差不多随叫随到，谁有空谁就去。

（二）反山遗址：这下逮着了

记：1981 年，您开始接手发掘良渚遗址，当时它在全国名气还不大，连"良渚遗址"究竟在哪里也无法确定，您怎么就提出了"良渚遗址群"的概念？

王：当时，牟永抗是考古室主任，让我先去做一下调查，摸摸底。

现在有卫星技术，一扫就知道方位，但那时候就靠两条腿啊，每一个田埂都要走到，我带了八个人，走了 20 多天，跑了八个乡镇，新发现了 30 多处遗址。

1983 年的一次调查，让我们有了新的发现，这是我提出"良渚遗址群"概念的考古基础。

记：20 多年来，您主持发掘了 30 多处重要的良渚遗址，印象最深的是哪一次？

王：反山遗址的发现，是我在 1986 年做出的一个正确判断结果。一开始，我们在反山挖了 20 多天，只发现了 11 座汉墓，很多人觉得我们是不是搞错了，但我不到黄河心不死。这块地方，我看了好多次，从外面看是一堆黄土，但我的脑子里，一直有"土筑金字塔"的概念，金字塔是按贵族的意志去营建的，不是随便堆的。反山就是当时贵族的土筑金字塔。

记：发现这天的情景，您一定还记得吧？

王：这个我是不会忘记的，那天是 5 月 31 日，下午两点多钟，当时乌云翻滚，要下雨了，我们只能收工。

我站在一个很高的隔梁上安排，指挥大家把探方里的松土赶快挑走，盖上塑料薄膜。这时，一直在清理 12 号墓的技工，从深达 1.1 米的墓坑里爬了上来大喊："王老师，这个是啥东西？"我站在 1.6 米高的隔梁上，往他手上一看，有红的，还有白点，脑子里闪过：嵌玉漆器！

我"啪"地就从隔梁上直接跳到坑里，在竹篾箕上扯了一块竹片，轻轻一拨，那个朱砂红就出来了。我心里想："这下逮着了。"我又用竹签子来来回回剥墓坑，终于看到了白花花的颜色，那是玉的鸡骨白，我心里有底了，这就是后来出土的 97 号玉琮。

晚上，我们回到住的地方已经浑身湿透了，不过大家兴奋得很，我让人赶快去买几个菜来，"老酒有没有，拿一坛来，今晚好好喝"。我当时的原话是："我们这次发掘将要被载入考古史册。"

这个 12 号墓，是反山王陵挖到的第一个良渚墓葬。反山发掘整整 100 天，我的体重从 110 斤降到了 93 斤。

（三）良渚玉器：物质和工匠精神的结晶

记：在良渚人的生活里，玉很重要，它是通神的。反山遗址发现的大量玉器，又更新了人们的哪些认识？

王：以前发掘出来的都是单个玉琮、玉璧，从反山开始，玉器出现了组合形式，有1200多件（套）。

良渚人的制玉技术很高。细小的镶嵌玉粒说明当时玉材的珍贵，良渚人能充分利用边角玉料，他们还采用滚磨工艺来加工细小的玉粒，又利用漆作为黏合剂，把各种镶嵌玉结合在木质的胎体上。

记：良渚贵族才能拥有高等级玉器，那么做玉的人，是什么阶层的？有人认为是奴隶，这在学术上一直有争议，您的观点是什么？

王：我反对有奴隶社会的观点。考古学家苏秉琦先生说过，中国的历史教育有两个怪圈，其中一个，就是用社会发展史代替具体的历史。

青铜器，奴隶做得出来吗？天宫一号、卫星，普通工人能做吗？当时制作玉器的人，就是现在的高级工程师，是高级知识分子，必须是当时高精尖的人才，这是脑力加体力的活动。

记：玉也与人的性情、品格相联系，您眼中的玉是怎样的？

王：玉是代表中国传统文化的物质形态之一，另外还有两样，丝和漆。它们都与天人合一的哲学观念一脉相承。丝是织物，是献给神的，汉以后才用来做衣服。现在有些地方的风俗是嫁女儿都用漆器。

而物质和工匠精神的结晶，就是玉。新华字典里，有 200 多个玉字旁的字，珍、宝、琼、瑶，都是美的，包括"玉女"，这是对女孩子的较高评价。连死，也要说"宁为玉碎，不为瓦全"。

现在能看到的最早的玉，是 8000 年前的内蒙古兴隆洼（wā，古同"洼"）遗址出土的玉玦。因为稀少，玉才特别珍贵。而史前玉器出现的高峰，就是良渚时期。但全世界现存的良渚时期的玉器，加起来大约两万多件，一皮卡车就能装完。

埃及最高的胡夫金字塔距今 4000 多年，和我们良渚文明年龄差不多，要证明中华文明不输于人家，现在最具规模和说服力的就是良渚。

（原标题：《首次提出"良渚遗址群"的概念，并主持发掘了反山遗址 当年他去香港做良渚玉器演讲，连饶宗颐都赶去听 王明达：温其如玉》，2013-09-13）

六　听阿城聊良渚

2016 年 5 月 15 日，中国考古界的"奥斯卡"——"2015 年度全国十大考古新发现"最终结果在北京揭晓。浙江余杭良渚古城外围大型水利工程的调查与发掘，入选"十大"。

在良渚考古 80 年这个重要的时间节点，良渚人又"得"大奖，对考古人来说，是一种欣慰。这个世界最早的水坝系统，设计范围超过 100 平方公里，再次证实了良渚古城具有完整的都城结构。更重要的是，经过了 80 年的努力，考古学家建立起了长江下游的太湖流域从七千年的马家浜文化到崧泽文化、良渚文化和钱山漾—广富林文化的新石器时代文化谱系。

在浙江人为这个比大禹治水还早 1000 多年的发现骄傲时，在北京，有一个人，也一直默默关注着良渚考古的一举一动。

这个人，就是作家阿城。

我在北京采访完"十大"评选的第二天，下午 1 点，带着一本阿城先生记挂了很久的大部头——由良渚博物院编的《良渚文化刻画符号》，走进了他的家。

2015 年 4 月，阿城的《洛书河图：文明的造型探源》，获得了钱江晚报和博库主办的"春风图书榜"非虚构类白银奖，这是近 10 年来，阿城第一次亲自在公众面前领奖。那次，他还去良渚博物院逛了一圈，对器物上的刻画符号很感兴趣，得知这本书即将出版，便早早"预定"。

本来，我是单纯去送书的。

"嗯，花了很大力气呀。"他点了一支烟，坐下来，拆书的塑封，开始翻。五分钟后，才说了第一句话。

"光是良渚的〔刻画符号〕就出了这么大一本书，"他继续翻书，回来翻听录音里的声音，清冷安静，更多的是他翻书的声音。阿城的房间也是素白的，loft 式的工作室，顶高，开阔，落地玻璃窗外的院子，随意种了些绿植。做了一半的木工活儿，停在那儿，各种叫不上名字的器物，瓶罐盆壶，像是刚出土一样，摆在院子里。每个房间里，书、画册、唱片，各种收藏，散落在随手可拿的位置。

"我们说针砭时弊，这就是郉个针砭，烧热，压穴位的，这些其实都是巫掌握的医。"他拿起一件石器，开始"讲课"，对身边各种日常事物，他依旧保持着非凡的好奇心和洞察力。

隐者阿城——很多人都会这样说。

就像这个快递也蛮难找到的住处一样，这些年，阿城有意跟过去告别，专注讲述中国文化脉络，探源文明的造型，前言后语很少提起文学的过往。

但这两年，他的新书是"热闹"的。2015 年出了《洛书河图：文明的造型探源》，还重出了《威尼斯日记》，2016 年就有更多重磅了。由汉唐阳光出品的《阿城文集》是阿城的作品首次结集出版。但是，他对 30 年前的"新文集"，依旧只字不提。"他们本来要出全集，我说我还没死呢。"一贯阿城式的"呛"，然后伴以几声很萌的笑。

阿城真的隐身了吗？

回到开头。本来是去送书的，然后，顺便"汇报"了一下良渚大坝得奖的消息，以及 2016 年下半年良渚考古 80 年即将开展的纪念活动，因为知道他是良渚文化的铁粉。之后的一个半小时，他拉拉杂杂谈了诸多关于良渚大坝、良渚文明的事儿。看起来又是闲话闲说的姿态，但，没有一个人能像他那样谈论历史问题。

他什么都知道。只是不说，或不轻易说。

"您去看海昏侯的展览了吗？"我问。

"还没整理完，看什么？难道看金子？"又是两声萌笑。

这是一个"低温"的阿城，甚至常常让人觉出喜剧感的阿城，然而"风暴"却在圆框眼镜之后，呼呼地吹着。一如他所关注的良渚，正所谓沧海桑田。

《良渚文化刻画符号》中，一件良渚玉璧上有"鸟立高台"的图符，阿城夹着烟的手，在这一页上停了很久。鸟下面的高台里刻着一个奇怪的图形，究竟是什么，学界还有很多争论。

"你划拳吗？"阿城冷不丁来了这么一句。

"五魁首六六六"，他变着声调念了起来。"五魁首，一个手全部张开，就是这只鸟下面的东西。我们很多日常身边的材料，都是这样。全国多少人划拳，都知道五魁首，但没有去问，为什么是五魁首。"

这让我想到一个听过的故事。据说阿城曾遭蒙面汉打劫，事后他准确推测出了劫犯的身份，因为他被劫时清楚看见了劫犯从头套里刺出的胡茬颜色和卷曲度。

不管是曾经的文学写作，还是现在的造型探源研究，以及对大陆架文明的猜测，他所关注的，依然是人们的日常生活——活的材料。

"我觉得像良渚这样挺好，就摆在那儿，让大家看，你自己如果有心得研究，就自己去做。"阿城说。

以下是我和阿城的对谈。

钱报记者（以下简称记）：我们有大禹治水的传说，但很多人怀疑那个时候大禹有没有这么大的能力，良渚水利工程比大禹治水早一千多年，所以大禹治水的传说，绝不是空穴来风。您怎么看大禹治水和良渚大坝之间的关系？

阿城（以下简称阿）：我个人认为良渚文化非常非常重要。海昏侯发掘的声势很大，出土简牍 5200 多枚，之后会完成初步释读工作，而良渚这次评上的大坝工程，对其解读的深度好像还不够。

大禹为什么在浙江绍兴、会稽这边有传说，跟这儿（良渚）是有关系的。良渚大坝应该是大禹时期之前的事物。大禹时期治水是用什么方式？分流、疏浚。而我们发现的这个大坝用的是堵。这是大禹治水之前的"堵"。

记：大禹的爹鲧治水，是个失败的例子。

阿：所以我们要从文献和神话传说中，寻找大坝的意义。鲧为什么堵，为什么失败？一万多年前，第四纪冰川开始融化，冰水、泥、石俱下。像李四光在庐山就考察到冰川的擦痕，李四光以此说中国有石油，就开始找，找到大庆、山东、河北。冰川融水带了石头泥沙下去，就像上次汶川地震大家看到的，会形成堰塞湖，随地形堵塞起来，融水逐年增多，堰塞湖会崩溃的。为此这个堰塞湖要加固，其实就是堵。但看来加固不理想，也就是总是堵不成，就是失败了。良渚应该是碰到类似的情况。人要保护资源，当然是本能反应，蚂蚁窝进了水，蚂蚁也是先堵。

而大禹，鲁迅在《理水》里描绘他类似于水利总工程师，到处跑。但从人类学来看，大禹不是这种人。凡是氏族领袖，都不是这个性质的，尤其是氏族联盟级的共主。大禹是召集盟主们开联席会议的共主。

　　堰塞湖要垮，如果不加固自然形成的大坝，只能任其垮塌，但是水冲下来，从哪儿走？这才是大禹疏的关键点。水会冲到的地方，应该是某些氏族生活的地方，这是生养他们的资源，他们肯定是主张堵的，但让水改道的结果都会碰到同样理由的堵的结果。

　　这种时候，共主的威望就是关键了。在这种民主联席大会上，他会说服盟主们相信水从哪里走代价成本最小，那些处于水道上资源被毁的氏族们的损失，由那些没有受到损失的氏族来资助分担。这样的协议是什么？就是政治。大禹应该是当时威望最高的盟主，他的这种中国古典民主协商的成果，被传为神话。我个人利用神话学的解读方法，来这样复原大禹治水神话的历史样貌，也许有助大家进一步解读良渚大坝的意义。

　　良渚让我们看到一个人工堵的痕迹。我认为，它的意义在这儿。而堵的技术和工程量，说明了这是一个伟大的事情。

　　记：既然这个水利工程那么厉害，为什么大约 4000 年前，这里的文明突然消失，直到汉代才又出现人类活动的遗迹。良渚人去哪儿了？

　　阿：我那本《洛书河图》里，可能大家没有注意到为什么我在书的最后一章写的是对东亚文明起源的推测。

　　东海大陆架，在距今不到一万年时，还是陆地，而且还算平坦，气候比现在所谓的中原湿润，居住在那里的人类，肯定会产生从旧石器时代过渡到新石器时代的文明。原来大家都在大陆架上生活，陆地这块，绝大部分还是被刚才说的第四纪冰川覆盖，对当时在大陆架生活的人类来说，是高原。冰川融化后，人逐渐被海水逼到了高处，也就是现在说的长三角。生活、生产资源都大量丧失，《圣经》中的大洪水，世界各文明中关于洪水的神话传说，都与第四纪冰川的融化有关。

在杭州湾、太湖区域这种相对大陆架狭小的陆地上，如何保存自己？第一个，绝对是堵。第二个，就是向北发展。

良渚文明为什么这么发达，因为是稻作文明。稻作文明，比起粟作文明要高很多，因为种稻子需要高质量的管理，所以到现在还是南方人的管理意识高于北方人。我"文革"的时候在南、北的农村都待过，感受很深。在良渚这样的文明时代解决资源问题的时候，就会向北发展，然后与粟作文明形成决战——这应该就是上古传说中蚩尤和黄帝大战的神话原型的背景。当然，中国历史经常是这样，高级文明失败了，但高级文明也扩散了，被吸收了。

再说到苗族。苗族的西迁神话传说，应该是蚩尤原型的继续。苗族人死后，巫师会念长篇的祷词引导亡魂升天，但贵州不是升天之地，哪儿是？东海。巫师引导亡魂一道山一道水地往东走，看到海浪了，就是升天的地方，也就是到了东海边儿。

记：所以，良渚人去了那儿？

阿：苗族人说，我们是蚩尤的后裔。现在有了基因测序技术，苗族、瑶族、壮族的基因和这边（良渚）的原住民是一样的。这是大迁徙。一是因为海水上涨，一个是跟黄帝蚩尤传说大战里的失败有关。

记：巫师在初民时代是智者和有德者。良渚社会中的少数人，因为具备高超的制玉技术被推举为巫觋，成为神的扮演者和代言人，最终垄断了与神沟通的权力。

阿：巫师引导亡灵经过沿途中的一道山一道水都有"通行证"，这就是为什么苗族的图案不能变，因为全是通行证。你绣错了，你的亡魂就被卡在某一处。所以苗族刺绣的保守性与宗教有关。

记：所以，这些苗族刺绣，应该不是我们说的民间艺术，而是文明高度发展的结果，这跟良渚文化的根源是相同的？

阿：（是）联结良渚，这个（良渚）文明传承自大陆架文明。所以，我们对良渚文化的研究，浙江对太湖流域文化的研究，要比黄河、长江这样的概念大，恐怕应该是东亚大陆架文明这样的概念。良渚文明这样高的文明程度，与它处于沿海边缘地区的位置不符。周围的资源领域过于狭小。假如将资源范围扩大到东海大陆架，这种不符的感觉就没有了。

我记得 20 世纪 80 年代初的时候，王安忆有过焦虑：上海这个地方，小了，贾平凹他们都有"黄河"，她觉得自己写不过他们。

其实，那个时候就是黄河文明中心论，只有那个系统才有价值，才叫历史。现在，长江流域，源头上就是这个（指指良渚这本书）。无论从质还是其他方面，都高于其他。我们在妇好墓中可以看到，商代玉器的制作工艺是不如良渚的。从良渚到商，退步了？

整个大陆架一直延伸到日本，最深不超过 150 米，是浅海。我常想，如果向东南浅海大陆架施行海洋考古，应该能够发现良渚文化或更早的文明的更多遗存吧。

（原标题：《难得一见，难得一听：听阿城聊良渚》《从五魁首到苗绣，从堰塞湖到大陆架，从日常出发探源良渚文化，阿城本人校准，本报独家发布：没有人以这样的方式聊良渚》，2016-05-22）

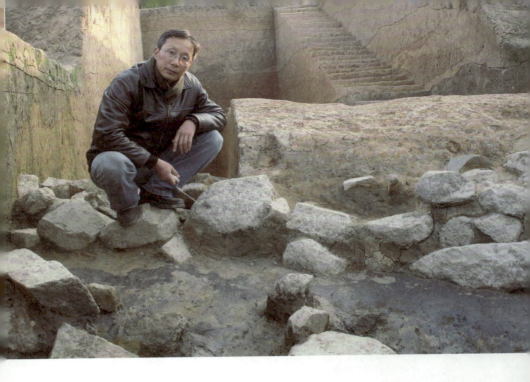

图 2-8　刘斌在良渚古城北城墙遗址

七　刘斌：考古者的俯身与仰望

　　2006 年 12 月 20 日，在余杭瓶窑葡萄畈遗址发现石头的那个晚上，刘斌睡不着了，他越想这些石头越激动：一定是个重大发现。

　　他给自己的老师张忠培先生打电话，挂下后，又打给了北京大学赵辉老师和中国文化遗产研究院的孟宪民先生，第一时间把这个消息报告给他们。

　　如今，大莫角山遗址——良渚宫殿区已经展现在世人面前，5000多年前，良渚国王就是在这个小山坡上，俯瞰全城。他大概不会想到，5000 年后，正是这个儒雅的西北男人，浙江省文物考古研究所所长，和他的考古队通过泥土里不起眼的石头，发现了自己的国家。（图 2-8）

30 多年前，刘斌来到杭州工作，之前，他只知道杭州有个著名的遗址叫良渚，却不曾想，自己与这块土地的缘分，一结就是 30 多年，至今仍在继续。

从 1986 年在瓶窑反山发掘王陵墓地开始，良渚遗址考古的重大发现，刘斌一一见证：良渚遗址至今已六次入选全国十大考古新发现，2008 年年底开始对古城内外进行大范围勘探，到 2019 年已完成近 20 平方公里范围的摸底工作。从发现近 3 平方公里的内城，到 6.3 平方公里的外城，再到发现良渚古城外围大型水利系统——10 年的探索，换来了今天世界考古学界对良渚王国的认可，对中华 5000 年文明的认可。

历史的一大步，其实是考古人的一小铲，甚至是从一块小石头开始的，然而，如果没有像石头一般的执着和硬气，我们何曾知道，5000 年其实离我们并不远。

2006 年 6 月，刘斌带着考古队在瓶窑葡萄畈遗址进行试掘。一条良渚时期的南北向古河道的发现，让刘斌感觉有戏。洛阳铲一把下去，在三米多深的地方，碰到了石块。

如果要说良渚古城发现的瞬间，这不足百字的描述似乎就可以说完了——对，不是玉器，也不是陶器，只是一层石头，没有任何惊心动魄的戏剧性场景，谁都不会想到发现的是一个古城，一个国家。

刘斌没有放过这一层石块，困惑、纠结、论证，始终在继续。

他的老师，著名考古学家张忠培先生说的话，刘斌一直印在心里：被材料牵着鼻子走。

"你发现了石头，然后怎么办？怎么样去理解材料，这些材料带给你的信息是什么？"

有些人会觉得，一堆烂石头而已，也不是什么宝贝，但刘斌觉得，这些东西带来的思考、困惑，就是重要材料，他必须思考每一个点，每一寸土背后的秘密。

他开始破案——石头是在三米多厚的黄土堆积的下面发现的，而且中间没有间隔，是一次性堆上来的，说明这些石头应该是三米多厚的土的一个基础，很有可能是大堤或者城墙。他再看石头，发现是开采来的，那么，是从哪个山上开采来的？城墙的堆土，是山上的黄土，他就想到，现代修大堤也是从山上运过来的，那必定是一个大工程。

"所谓的'被材料牵着鼻子走'就是说，当某一种材料能触动你，就要把它搞明白，要被它牵着走，找出它有多长有多宽，再顺下去就有可能搞清楚这个石头是从哪儿来的。考古就是教我们怎么样去追寻遗迹，怎么样去发现每一处遗址的功能。"

　　刘斌和良渚考古队在良渚古城的实际发掘过程中，没有去发掘陶片丰富的古河道，挖的都是没有陶片的黄土。2007年，他们就依次发现了西城墙、北城墙、东城墙。当11月最终发现南城墙时，这座被历史的泥沙淹没了5000年的王城，就真的在我们脚下。

　　"5000年并不遥远，穿过那间宋代酒肆的残垣断壁，从汉代人的墓地经过，我们便可望见5000年前的篝火……"

　　2016年冬天，在反山王陵南面姜家山发现新墓地时，爱写诗的他，伏在良渚工作站的书桌前，写下这些浪漫的句子，与良渚人隔空相望。

　　很多人说，刘斌比较理想主义，爱较劲，但如果不是他的坚持，或许这层石头，就只是石头了。

　　但是，当一个重大发现摆在眼前时，他反而觉出了一种孤独。

　　古城被发现后，来自各方的质疑声不断涌来，一路上，刘斌遇到了很多红灯。他一个人带着几个技工，请来各种专家，开论证会，寻找学术支持，包括向国家申请研究经费，征地，和村里人打交道，努力保护遗址范围。

　　考古不只是考古，考古人有时候像个包工头，有时候还像居委会大妈，大量的生活琐碎，鸡毛蒜皮，他们全都要应对和解决——跟施工队磨合工期，动到老百姓的田地又涉及青苗补偿问题，雇佣民工、管理民工都需要妥善安排，而考古队本身也有一摊吃喝拉撒的事。

　　良渚已经成为中国第一批（12 家）国家考古遗址公园之一。在遗址公园的修建过程中，这棵树该不该砍，那条路该不该修，细枝末节全都要管。看到有人往遗址里乱倒垃圾，他直接去挡车。"我们来承担责任"，刘斌常常这样说。难怪，同事王宁远说他：你老把自己当甲方，老那么激动。

　　这个斯文的男人心中，藏着十头牛也拉不动的倔劲儿和执着。

　　有一段时间，莫角山遗址北边的村子被拆了，房子下面的垃圾没有被运干净，上面就铺了土，变成了农田，边上修起了石坎。刘斌又激动了："修那些生硬的石坎做什么？这样遗址就难看了，就毁了。原来底下就是田，现在又造田，不就是弄虚作假吗？"

　　"我确实给他们的工程造成了很大的麻烦，"他笑，"但把遗址毁了，我就要管。"

　　"经常有人问我，考古苦不苦。这是个傻傻的问题。人生在世苦不苦？谁又能为我们开释得比佛陀更清楚。考古是一场修行。面对历史，我们不能改变什么、发明什么，只能在坚定的信念里，看到历史的真实。"刘斌说。

　　以下是记者和刘斌的对话。

　　记者（以下简称记）：有没有哪件物件是您一直珍藏至今的，是否有特殊意义？

　　刘斌（以下简称刘）：从上大学到现在的笔记、老照片，都是我一直珍藏的，但对我来说最具有纪念意义的是一个棕榈箱子，里面是木头，外面包裹着棕片。这是 1981 年我上大学前，在西安老家买的。那个时候没有皮箱，就用这只箱子装被子、装衣服，装书，托运到杭州。后来在杭州工作那么多年，搬了几次家，也一直舍不得丢，用到现在。

记：在工作中，你最不能容忍什么，或者说，最在意的是什么？

刘：（最在意的是）仔细，有条理。考古工作类似于做档案、做记录，比如在野外发掘，需要每天写日记，整理资料，这就要求有很好的条理性，资料的记录不能杂乱无章。

记：除了专业工作之外，你平时最喜欢做的是什么？

刘：喝茶、静坐。我也爱好文学，看书，喜欢诗歌。近些年看得比较多的，有关于宗教、茶文化、中医的书，还有这几年流行的灵性与科学方面的书。总的来说，我读的书大多围绕着对宇宙、对人生的思考感悟，比较偏向哲学意义的探讨。

记：你最想对改革开放说的一句话是什么？

刘：改革开放给我最大的感受，就是日新月异的变化。首先是一种时间加速感，人与环境的变化都非常迅速，这是信息时代带给我们的。考古是了解过去，从懵懵懂懂认识器物开始，再到社会发展基本模式，再到大的历史变迁，人的流动，环境的变迁，从广大的时空中探寻变化的过程。

改革开放给考古行业带来了幸运。以前我们的状态是封闭的，对外界不了解，但现在我们能够走出国门；有了网络，信息知识的流通也更加频繁，我们不仅能了解过去，还能知道整个世界的历史文化，观察、体验各个地区不同环境所造成的文化差异。

（原标题：《这个西北汉子与杭州结缘 30 多年，世界考古学界对良渚王国的认可跟他息息相关 刘斌：考古者的俯身与仰望》，2018-11-06）

八　玉琮王上的神像，他用比发丝还细的笔画出来

2018 年 6 月，想必很多人已经被新晋网红——良渚博物院重开刷屏了。

作为博物馆的最后一站文创商店，"买买买"往往能直观"检验"观众看完博物馆后的心情和喜好。尤其是良渚人的设计水平和审美高度，跨越了 5000 年之后，在这方面到底跟我们有没有共同语言？

记者在良博院和晓风书屋共同打造的文创空间里发现，最走俏的周边，是小本子、玉鸟胸针，以及两款印着良渚神像线绘图的帆布包，刚开馆两天已经卖完，都在紧张补货中。

于是乎，最新"带货王"出炉了——良渚神像、玉鸟。

但换一个角度想，如果我们只把有着大眼睛、獠牙的神人兽面像和玉鸟的高清照片，直接贴在布袋、T 恤、杯子上，一定不会有人喜欢。

那么再回头看这些周边，你会发现，扇子、帽子、马克杯、明信片上各种各样的神像和大眼睛，还有各种抱枕上的螺旋底纹，其实用

到了最传统的技艺——线条，也就是我们说的线绘图。

但，它们的来源，或者说底稿，并非电脑制作，也不是文物高清图片，而是几乎全来自手绘，来自一个人的笔。

对，只有一个人。他名字前的定语是这样的：良渚出土玉器的唯一线绘者、浙江考古线绘第一人——方向明。

他是浙江省文物考古研究所研究员，考古 30 年，几乎挖遍了浙江新石器时代不同类型的遗址。

但他不光是考古专家，还是考古画家。

2014 年，记者曾经写过一篇稿子，标题是《考古专家笔下美到爆的手绘老物件》。2018 年，方向明终于把自己 20 多年画良渚玉器的线绘图集结成书《良渚玉器线绘》。它不是一本关于良渚玉器照片的图录，而是实实在在的手绘图集。良渚玉器究竟长什么样子，它的每个面，神像的每个眼角，每根手指头，每条花纹，方向明都一笔一笔画给你看。

那么问题来了，很多人会问，玉器看高清照片、局部细节图就好了，为什么还要看线绘图？

举一个现成的例子：良渚文创周边产品。"做文创，如果翻考古报告，肯定看得云里雾里，如果看图录，线图又不全，对着照片做文创是很难的，拿线图去做是现成的。"方向明说。

为什么？

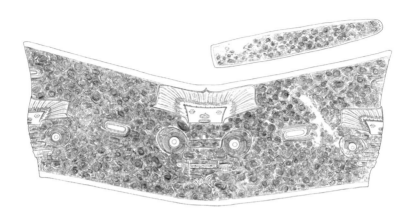

图 2-9　反山 M12：103 瑁纹样的展开

　　"考古线描图最根本的，就是能够非常精确地表示一件器物的外形和结构，照片没法表现结构。"方向明这样回答。

　　我们来看图说话。

　　这件反山王陵最高等级 12 号墓出土的豪华权杖，是军权的代表，是墓主人权力和地位的象征，除了像斧头那样的玉钺本体外，还包括了瑁和镦，以及嵌玉髹漆的柄，如今，中间那个柄"支架"——连接瑁和镦的载体已朽，而镦和瑁，我们在博物馆里可以看到实物，但是，上面的复杂纹样，外形和结构，肉眼根本无法看清，照片也无法全面呈现。

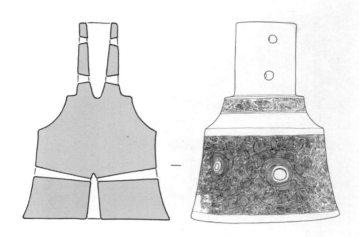

图 2-10 反山 M12：91 镦 A（1）

那我们来看看方向明手绘的图，密集恐惧者慎入！（图 2-9）

单单是上面的螺旋纹样，整个线条的构成比照片更清晰，更有视觉冲击力。

"权杖的外形和结构有不同的面，还有剖面，相当于工程制图，你拿着线图，是可以去做这件器物的。相当于造一座桥，无论怎么看拍出的照片，都不如看施工图，看了施工图就可以去造桥了。但线图有一个欠缺的地方，就是没有表现材质和颜色。"

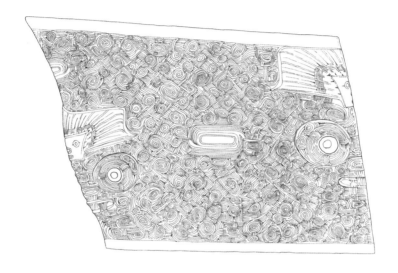

图 2-11　反山 M12：103 瑁 A

　　反山这件豪华权杖是玉做的（上海青浦吴家场良渚文化墓地出土了象牙权杖），出土时，镦就插在琮里，琮在这里好比一个底座。

　　方向明画的展开图，端面以及瑁体都有一圈纹饰，中间有三个孔（到底是干吗的目前还没搞清楚）。纹样和圆孔有机结合起来，圆孔其实也是个螺旋，旋转带动着两边的兽面，若隐若现。我们可以清晰辨认出神像的眼睛、鼻子、嘴巴、爪子，但身体的轮廓又跟这些地纹浑然一体。（图 2-10、图 2-11）

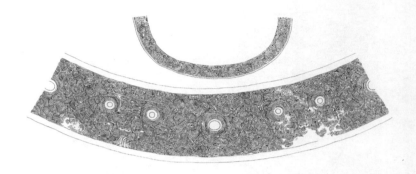

图 2-12　反山 M12 : 91 镦纹样的展开图

　　这一组，他画了 3 天。

　　画的时候还发现，上面还有一圈地纹，而且里面还有机关，可以很规则地划分成 4 组图案，即 4 组鸟型。（图 2-12）

　　当时，他还不敢确定。

　　过了几年，余杭玉架山遗址出土了透雕冠状器，他发现，纹样和反山这件镦的一组一模一样。他通过亲手作画，也证明了良渚人在玉器上行云般的线条刻画是有规律的，绝对不是随便创作的。

　　那么，方向明究竟是怎么画的？

　　他的工作室，七七八八摆满了各种画图工具，大部分还是蛮普通的：三角板、卡尺、铅笔、橡皮、绘图笔、胶带等。

你以为有了这些就马上可以画画了？

错。首先器物摆得不对，画出来就不准。

比如，一只三条腿的鼎，你得让人家看出是三条腿，因为有很多青铜器是四条腿的。一件器物要画两遍。先在米格纸上，用铅笔打底稿。为啥是米格纸？因为上面有一格一格，计算比例很方便。

有时，还会用到宣纸。比如玉佩上镂空的花纹、刻花，画在宣纸上图案会更精细。但有时候，手工画得不一定准，此时，画图神器出场了。

那就是蜡墨。

小时候，你是不是玩过一种游戏，把一张纸放在硬币上，然后拿支铅笔涂出花纹。蜡墨相当于铅笔的作用，这在做小玉器的拓片时，很方便。

还有一样东西更奇怪，形状像一把木梳子，叫真弧，这是日本人发明的画图神器，全手工制作，上面像梳齿一样一根根的东西是毛竹做的。

一把真弧，要 4000 元，确实有点贵。"画轮廓时用到的概率很高，比如我们经常画石钺，像把斧头，如果画剖面图，有的胖，有的瘦，一条线要测 N 多个点，弧度很难画得准。有了真弧，只要按在上面，拿走之后，斧头的轮廓就自然嵌在纸上了，比自己画更精细。"

画完第一遍，最后还要上墨，再描一遍。

以上说的，只是工具和一些技术活，如果要让方向明回答究竟是怎么画的，他只有两个字：硬画。(图 2-13)

之前有粉丝在微博上表白：方老师，我想跟你学，做个线图工。方老师唯有苦笑：这和行云般的线描，完全不一样啊，考古线绘，（讲求的是）墨守成规。

方向明没有学过美术，但喜欢，又画得勤，他念中山大学时，就有考古线绘课。要知道，以线绘和拓本来体现器物的外形和结构，是考古学的传统记录手段，只是现在，线绘课在很多大学的考古学课程中被省略了。

学校里，别人还在画碗的时候，老师已经让方向明开始画袋足鬶了，就是那款长了三条萝卜腿的很复杂的陶器。他也是班里老师唯一让画袋足鬶的人，所以一毕业，他就自己独立画图了。

画的时候，一般来说，他会先把玉器拿在手上看一会儿。比如良渚人的头部装饰——三叉形器，算是复杂的玉器了。方向明不厌其烦地画了所有面：正面、侧面、背面、上俯视、下俯视，"就是因为它不是一个平面，而是正面凸起来，还带点弧度，所以要把弧凸面画出来。背面还有凸块，还钻了几个洞，人们准备去组装，所以要把背面这些洞画出来，洞是怎么钻孔的，要通过剖面把怎么样钻孔的情况也画出来，这就是'死画的'。"

图 2-13　方向明在作画

看完器物，再把它放在米格纸上，上面的点都是测点。遇到纹样复杂的，像权杖，不用米格纸，先要用拓片。

"现在科技发达，照片可以拍正投影，可以通过电脑形成，以前只有把拓片在复印机上放大一定的倍数，然后用硫酸纸蒙上去，照着器物描。因为玉器小刻纹细，拓片会很模糊，玉器刻纹一毫米中至少有三根线，所以一定要对着实物，对着描。"

良渚玉器除了玉璧，普遍都很小，很考验眼力对不对？"我当时看的时候眼睛没问题，现在戴老花镜有点问题。"方向明笑。

他也不用放大镜，"只要我眼睛不花就可以，刻纹玉器不复杂，就是要花时间，当然技艺要熟。"

画图那么多年，他觉得最难画的，就是拿针管笔画螺旋线。

良渚人对螺旋线是真爱啊，到处都有，而且还多变。

"画螺旋线的时候，不能够重叠，所以手不能抖，我觉得这个是最难的，其他的都很容易。而不少螺旋，看着是一根线，其实它是互旋的，两根线组成的，很费劲。"方向明说。

还要特别说一下画图神器，最重要的，就是一支 0.1 毫米细的德国针管笔，以前没淘宝的时候还买不到。0.1 毫米的笔尖是什么概念？没有比这个再细的笔了，比头发丝还细，像丝绸修复师的修复针很细，但直径也有 0.35 毫米。

但实际上，5000 年前良渚人的刀工和眼力，比我们更好，因为 1

毫米内，良渚人又刻画了三到五条线，所谓纤毫毕现，就是这个意思了。而方向明只有一条条手绘，才能做到这种程度。

可能你又要问了，方老师，现在都用电脑画图了，为什么还要这么费劲手工画？

"我觉得，手工测绘，是绘图者和器物直接的交流，也是一种研究，电脑测绘的自动生成技术，相当于机器生成机器，缺少了研究部分。我经常说，多去画画，就能记得很牢。"

2018 年，浙江省文物考古研究所作为合作单位，参加了中国社科院考古研究所在洪都拉斯科潘的考古项目，方向明也参与其中。其间，他去科潘博物馆参观，因为不让拍照，他就拿着速写本画了一下午，"人物的装置结构我画过之后就能记牢，多画几次，就能默写出来了"。

除了密集的螺旋纹图，最狠的，是方向明把良渚玉琮王——对，就是 2018 年 1 月 28 日播出的《国家宝藏》里周冬雨代言的琮王——直槽内上下刻的八个神人兽面像，都画全了，关键是，每个神像只有火柴盒大小，相当于微雕。

记者请方老师把八张图拼在一起，感受到来自神像的凝视了吗——（图 2-14）

以上，无法用语言形容，只想静静地看一会儿。

2001 年，方向明画了琮王上的第一个神像。

图 2-14　反山 M12：98 琮直槽神人兽面像拼合压缩

图 2-15　M12：98 琮 A-B 直槽下 01

当时的所长曹锦炎对还是考古一室主任的刘斌讲，不要给方向明安排其他工作，就让他跟考古专家王明达整理、绘制反山王陵的器物。

当时，反山玉器还被放在浙江省博物馆古荡的库房，因为工作地点实在不方便，最后方向明选择在吴家埠工作站闭关画玉器，画完一批再换一批。

老师王明达一个礼拜过来几次，除了一起整理，也给他放松放松，两人一起喝酒、打牌。

有意思的是，以前瑶山遗址的玉器，是一个墓一个墓地拿过来画的，但反山遗址不是这样，王明达按照器物分类运来，让方向明画。

"玉璧，运了一车来，玉琮，运了一车来，最让人激动的，就是琮王。琮王运来之后，我很紧张，房间专门装了空调，"平时画一般的玉器，方向明是不戴手套的，"戴着手套根本没法画。因为开着空调，手直接去触摸玉器，是不会留下什么痕迹的。"

但画琮王，方向明不敢不戴手套，怕它掉"皮"。平时一个礼拜只来几次的王老师，在方向明画琮王时，天天来"监督"，还有一拨围观的"吃瓜群众"，说从来没看过，特意过来看琮王。（图 2-15）

因为琮王太重要了，留给方向明的时间又很短，他现在想来有些遗憾，"把主要轮廓都描了，细部没办法描，到最后，自己也有点疲惫了"。

但在我们看来，这八个神像的手绘图，和原物纤毫不差。而良渚文创周边的神像，都以方向明画的基本款为设计来源。

此时，需要插播一个数据。

良渚反山、瑶山两地总出土玉器1800多件（组），全部都由方向明画。而良渚人脖子上挂的"项链"，比如瑶山遗址出土的一串珠子，就有200多颗，尽管线图画个珠子也简单的，但他每画一颗，都要重新测量。

"在我画第一颗珠子的时候，你知道我的心情是怎样的吗……像我这样爱动的人哦（一枚运动健将，长跑高手），只好尽量让自己心静下来，后面还有一大堆呢，都得慢慢画。这种经历是经常有的。"方向明笑着说，"反山玉器整理完后一年，我几乎没再写过关于良渚的文章，"他跟朋友和同事开玩笑说，"不要在我面前谈玉器哦，我会翻脸的。"

如果按单件计算的话，光两个遗址，他就画了逾6000件玉器。如果把反山、瑶山、庙前、毘山、小兜里等遗址算上，以及"友情赞助"杭州市考古所的五代康陵、老虎洞南宋官窑等遗址，方向明这20年画过的器物总数，有好几万件。

"我画图还是比较快的，超乎常人的快，一般不是特别复杂的完整的陶器，一天可以画30件，画一般的标本，破碎的口沿片，还要测量口沿大小，一天可以画超过70件。"

　　但这个速度要建立在什么情况下呢，他上卫生间也要跑着去，坐下来之后，就不能动了。

　　考古工作，讲究透物见人，而方向明的绘图，是另一种透物见人——考古人的细致、耐心、孤独，是这项事业独有的特质。

　　如此"死画"，近乎"自虐"式画法，快乐是什么？

　　"它的线条非常漂亮，画的时候就是一种快乐。"方向明回答。

　　比如画牌饰，方向明觉得很享受。牌饰一般只有巴掌大，背后有牛鼻孔，是可以穿缝在衣服上的玉器，好比良渚人的胸针。

　　"整个牌饰像一个俯冲的鸟形，獠牙的阔嘴雕琢在弧形的器物底边缘，图像和器形的线条感太好了，这也是独一无二的。"

　　而对方向明来说，更大的快乐，来自图像给他的暗示和解答。"很多图像的含义，一下子可能无法解读，但在画图中，得到了解决。"

　　方向明画琮王八个神像的背后故事，还有一个"续集"。

　　他画着画着发现，其中一个面的神像，怎么多了一根手指头？

　　以反山、瑶山为代表的刻纹玉器，基本的构成和元素始终不变，基本款的神像，都是五根手指头的。

　　"出现了六根手指头，也有可能这个良渚人刻着刻着腻了，想搞搞创新，"5000 年后，这个秘密被方向明发现了。

　　方向明还不死心，他发现，刻了六个手指头的，还不光是一个面，有两个面。"如果一个面有六个手指可能是他兴致上来了，反正你们也看不清楚，我搞怪一下好了，但现在两个面都有六个手指，那就有问题了。"

他继续画，又发现不对劲。

另一面神像，嘴吻部分的轮廓线条很凌乱。"一个清晰，一个不清晰，不标准的嘴吻刻得轮廓乱了，整个塌下去了，说明他连基本的画理都没有掌握。"

种种不常规的迹象和线索，让他马上想到一个问题，也是良渚文化研究中，始终有争议的问题：一件玉器，一件琮，究竟是不是一个人刻的？还是说，有多人参与？墓主人是否也是琢玉者？是否有多个人参与了这场王的葬礼，他们为什么要来参与？

"我认为有很多人都参与了这一件琮的制作。同一个人画十幅画，十幅画之间肯定会有差异，但如果手指头多画了一个，这就是一个问题。"

这些问题，只有在零距离亲手画它们的过程中，才会一个个跳出来，"这对我们重新研究良渚的社会组织和形态就很有帮助。我们一般说的等级之分为，王一级，贵族一级，平民一级。但我认为，良渚社会真正的复杂化，等级是一方面，更多的，应是身份的复杂化。一件琮，一件冠状器，一件三叉形器，这些标识性的东西恐怕还不足以完全代表身份，那些权杖的端饰，小小的，有些像子弹头的，我们如今还搞不清楚它们的载体是什么。类似这些小细节，我认为很有可能是认定墓主人身份的突破口。玉器的文章，大有可为"。

（原标题:《他是考古专家，也是考古画家，画了 20 多年良渚玉器　新书首发之际，他做客钱报读者会，分享良渚古玉的线条之美　玉琮王上的神像，他用比发丝还细的笔画出来》，2018-06-28 ）

One Dig for Five Millennium:
Liangzhu in the Eyes of an
Archaeological Journalist

一小铲和五千年：考古记者眼中的良渚

第三章　申遗那些事

一　细述良渚 80 载　远望中华 5000 年

2016 年，良渚遗址考古 80 周年，也是良渚古城发现 10 周年。良渚成了热词，有当"网红"的趋势。

比如 11 月，跟"良渚"两个字有关系的新闻事件，一连发生了好几桩。

2016 年 11 月 25 日，由浙江省文物局、余杭区人民政府、杭州良渚遗址管理区管理委员会主办，浙江省文物考古研究所、良渚博物院、余杭博物馆承办的"良渚遗址考古发现 80 周年学术研讨会"在杭州开幕。全国 34 个省区市的考古文博单位、高校，近 150 名考古界大咖都来了——

84 岁的北京大学资深教授严文明、83 岁的良渚考古的开拓人牟永抗、73 岁的考古学者王明达，钱江晚报《文脉》栏目曾经专访过的考古前辈，都在这个杭州寒潮忽降的日子里，赶到了现场。

在研讨会上压轴发言的严文明，提笔写下一句话：华夏文明五千年，伟哉良渚。严先生对良渚情有独钟，他说："良渚太吸引人了，除了仰韶，良渚是我写得第二多的。"

11 月 22 日，国家文物局在官网公布《关于印发 < 大遗址保护"十三五"专项规划 > 的通知》，浙江有五处遗址成功入选，良渚位列其中。

11 月初，翻开 2016 年版《中国历史》（七年级上册）教科书，在第一单元《史前时期：中国境内人类的活动》第 2 课《原始农耕生活》的知识拓展栏目，良渚文化被写入其中。2017 年开始，这本教材在全国统一使用，全国 82% 左右（每年约 1400 万）的初中生使用本册教材，并从中了解、知晓"良渚文化"。

80 年来，良渚一直在带给我们惊喜。

1936 年 12 月 1 日—10 日、12 月 26 日—30 日、1937 年 3 月 8 日—20 日，24 岁的施昕更先后三次代表西湖博物馆对棋盘坟、横圩里、茅庵前、古京坟、荀山东麓以及长明桥钟家村等六处遗址，进行了试掘，获得大批黑陶和石器，并通过在此期间的调查，发现了以良渚为中心的十余处遗址。

湮没不彰的浙江古代文化，更得重要的物证。1938 年，施昕更在《良渚》报告中这样写道。

而这 10 年，从 30 万平方米的宫城到 300 万平方米的王城，从 800 万平方米的外郭城再到 100 平方公里的良渚古城外围水利系统，它一次次刷新了学术界对良渚文化的固有认知，一步步实证了中国的五千年文明。

2016 年 4 月，伦敦大学召开了关于水管理和世界文明的会议，对于良渚的水利系统，世界都很关注。剑桥大学考古学家伦福儒先生专门写了一篇文章：《被远远低估的中国新石器时代》。由于良渚这些年一系列的重要发现，世界考古界开始重新审视中国商代以前的历史。

发现在增多，而人们认识良渚文化的方式，也发生了变化。

2016 年 11 月 25 日的研讨会上，好几位考古学者都提到一个问题：我们研究了 80 年，怎么向年轻人介绍良渚？

台北故宫博物院研究员邓淑苹的 ppt 上，放了一张 2008 年北京奥运会奖牌的照片，奖牌上镶的是玉璧。"到今天，国际上仍以圆璧作为中国文化的标志。"

中国社科院考古研究所研究员王仁湘，对良渚陶器上的旋纹做了解读，他鼓励大家"开脑洞"，比如把凤凰卫视的台标和良渚的旋纹摆在了一起。最后他还公布了自己的微信公众号，让大家到自己微信公众号上了解更多良渚陶器上的美丽纹样。

现场响起了掌声。

说到这里，我刚好翻到 80 年前，施昕更亲笔撰写的《良渚——杭县第二区黑陶文化遗址初步报告》中的一段文字。这位当时 25 岁的俊朗书生，仿佛早已有预知。

插播一句，对于这份报告的地位，在 2015 年出版的《20 世纪中国知名科学家学术成就概览：考古学卷（第一分册）》中，有这样的描述：是揭开江浙地区远古文化面纱的最经典的早期考古发掘报告。

"如果欲明了中国史前文化的渊源及其传播发展的情形，在固定不变的小范围中兜圈子，是不会有新的意义的，我们需要广泛地在这未开辟的学术园地做扩大的田野考古工作，由不同区域的遗址，不同文化的遗物及其相互的连锁关系，来建立正确的史观，这是考古学最大的目的。"

如果说，80 年前，施昕更发现良渚遗址是偶然，那么 80 年后，中国几代学人走到"圈子"之外，发现并确认良渚文明是堪比埃及文明的王国文明，是中华文明的重要源头之一，则是良渚历史和中国考古学发展的必然。

（原标题:《80 年前的一两片黑陶 打开一部厚厚的文明史 细述良渚八十载 远望中华五千年》，2016-11-27）

二　5000 多年前玉琮神像，一直被模仿，从未被超越

　　如果你经过浙江省博物馆，会发现大门口装饰的石像，正是玉琮标志，"脸"上是标志性的良渚神像。(图 3-1)

　　这件曾在地下沉睡了 5000 多年的玉琮王，如今，以这样的方式展现在世人面前。

　　很多人有个思维惯性，觉得良渚文化作为中国新石器时代的史前文明，太遥远，跟我们的生活没什么关系。实际上，作为中国最早的原创设计师，良渚人设计的玉琮和图像，穿越 5000 多年，依然活在我们的生活里，甚至一点都不过时。

　　杭州路边的很多花坛、桥柱，都是玉琮造型；京杭大运河杭州武林码头停靠的游船上，雕刻着大大的神像特写。

　　随着良渚古城遗址正式成为 2019 年世界文化遗产申报项目，良渚文化也必将被更多人知晓、传播。

图 3-1　标准版良渚神像

(一) 良渚人的 logo, 大眼睛里有"心机"

在反山墓地, 人们第一次在琮、柱形器、璜等不同种类的玉器上发现了完整的神人兽面像——人脸, 头戴羽冠, 双手内屈, 好像在按压下面的兽头。这只兽, 獠牙外撇, 作蹲踞状, 有鸟足形利爪。

这个良渚人特有的 logo 在许多高等级玉器上都出现了, 唯独琮王上的神像最复杂, 大小只有 3 厘米 ×4 厘米, 相当于一只火柴盒, 人的双臂和兽的下肢, 还用阴线细刻处理, 但最细的线条, 1 毫米里就有三到五根线, 肉眼根本没法看出来。而且, 琮王上有八个神像, 大小都一样。

怎么解读这个 logo ?

聪明的良渚人通过浅浮雕的方法把神像显现出来, 强调了它的主要元素分成上下两部分：一双神兽眼睛——圆和弧边三角组合纹样的眼睛, 以及一顶"帽子"——填刻羽毛的介字形大冠。2018 年 1 月 28 日的《国家宝藏》节目里周冬雨扮演的掌握神权的良渚大祭司头上的羽毛帽子, 应该就是从神像而来的设计灵感。

浙江省文物考古研究所研究员方向明说, 神像的基本图意, 我们可以解读成一位头戴羽冠的英俊战神、人形化的太阳神。而神像的外貌细节实在是太丰富了, 比如倒梯形的脸框、悬蒜状的鼻和鼻翼、牙齿等；神兽则有大眼里填刻的线束、大眼斜上角的小尖喙、月牙形的耳朵的孑遗、鼻梁、有獠牙的阔嘴、膝部臂章状的突起等元素。

如果拿放大镜仔细看，神兽的大眼睛里还有各种心机——中间是重圈，两侧有侧角及螺旋线旋转，好像是眼眶里带眼角的重圈小眼。如果画成可以做抱枕和手机壳的纹样，就是圆和弧边三角组合纹样。

为何说良渚人是最早的原创设计师呢？他们老早就懂得把自己设计的纹样，放在宗教和生活用品里了，当然，神像是他们玩得最多的。比如反山王陵发现的嵌玉漆杯。

"上面的纹样我后来看明白了，也是一个个神兽，是以兽的大眼睛为主题，也是显像（浅浮雕）。这就是当时的文创，杯子上面不是简单印一个图案，而是有设计的，圆圈和螺旋状的髹漆围绕着'珠子'，仔细看，可以观察到显像的神像图案。作为一个宗教用品，这件壶已经创意到极致了。"方向明画了复原图。（图 3-2）

除了神像本身，神像和器形的各种花式组合，也是良渚人的一种创意。比如神像与琮的结合，大琮直槽的神像是二方连续，纵向铺列；大琮节面的简约神像，则是横向的二方连续，还有的神像做成了错落旋转的效果。也有简约后的四合图像布列在琮的四角，旁边还有辅助或渲染场景的鸟纹。

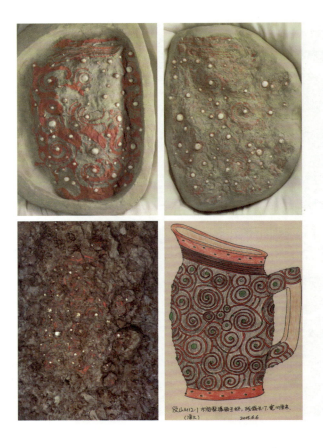

图 3-2　反山嵌玉漆杯和方向明画的复原示意

反山 M12：1（上左，上右）嵌玉漆杯起取后

反山 M12：1（下左）嵌玉漆杯出土时

反山 M12：1（下右）嵌玉漆杯复原示意

（二）良渚人的"文创"，一直被后人模仿

　　说实话，后代人越来越发现良渚人的设计实在是太好用了，都不用再动脑筋。比如宋代人已经开始利用良渚元素做文创了，出现了以良渚文化玉琮为外形的琮式瓶。清代就更不用说了，乾隆就是玉琮和神像的"死忠粉"。清宫中的绝大部分良渚文化玉器都经过了御手，且多有御题。由于当时人们还不认识良渚文化玉器的图像和纹样，也不清楚这些玉器原来是做什么的，只是觉得好看，所以皇帝和工匠做了很多大开脑洞又匪夷所思的"文创"。比如，把琮颠倒放，又给它配了铜胆和木座，干什么用呢？插花。台北故宫博物院就有多件清宫旧藏。

　　可能是因为这一时期良渚文化玉器出土丰富，部分匠人对纹样已有一定的认知度，开始"画蛇添足"。北京故宫博物院清宫旧藏的一件两节矮方柱琮，乾隆御题"虽曰饰竿琳与琅……"题字和器物自然是颠倒了，但是兽面像明显为后期补刻，说明在明清时期，已经有一批玉匠对良渚文化刻纹玉器有一定的认知度，可以依样画葫芦了。

　　方向明说，良渚文化之后，历史上的许多地区曾模仿良渚的器物进行创作。有模仿型，如广东石峡遗址出土的玉琮，形式明显模仿良渚，略有破绽但整体还可以；有不知所云型，如上海松江广富林遗址所出玉琮，琮体刻有并不等分的横线，纹饰不知具体含义，在形式效

果上与良渚相差甚远；又如山东丹土遗址所出玉琮，眼睛直接雕琢于横线上，完全歪曲了良渚玉琮设计本意……当然也有真正的文创，比如山东湖台出土的臂钏，方中有圆，风格至简，而方形的外缘刻有凹缺，接近琮的俯视状态，切割成薄片，可以戴在手臂上；山西晋侯墓地还见到把琮做成器座，有底不透穿；而清宫收藏的宋代龙泉窑青釉琮式瓶，用以插花。

（三）复古也是创新，也是发明

"我很喜欢良渚出土的一把壶，如果做成现在喝茶的饮器，就挺好的。"原北京大学考古文博学院院长杭侃说。

2015 年，他在北大搭建了名为"源流运动"的古代文化与当代设计的交流平台。如何把考古所得的知识体验带入日常生活，把古典的美好与现代社会有机结合，是这些年他一直在思考的事。

学者李零在《铄古铸今：考古发现和复古艺术》一书中说：很多创新仍离不开传统 (至少是不能完全离开)，复古也是创新，也是发明，其实是"被发明的传统"(invention of tradition)。"考古的目的并不仅仅是研究古代社会，就如同文艺复兴一样，重新发现古希腊罗马的人文精神，迎来的是近代的曙光。现在，在世界范围内遗产都在得到越来越多的保护。"杭侃说，英国有一本文化遗产方面的教科书

Heritage: Critical Approaches（《遗产：关键的途径》），作者认为"遗产最重要的不是关乎过去，而是我们与现在、未来的关系。遗产不能仅仅理解为对存留至今的古物进行被动地保护，它还是一种将物、场所与实践主动聚集起来的过程"。

而非洲的原始艺术，包括良渚文化等我们人类早期的原始艺术也一样。"科技在进步，艺术却不一定，原始艺术往往更能接近生命的本源。比如良渚神像上有'大眼睛'，两河文明中也有'大眼睛'，不同的文明，有不同的'大眼睛'，'大眼图像'是世界不同区域不同文明视觉文化中的一个母题。艺术的冲动没有变，我们想表达的生命的本质只是通过一种具象的形式去展现。在这种状态下，我觉得像良渚文化这样的原始艺术有它的生命力，都是在表达一种本能。"

（原标题：《5000多年前玉琮神像 一直被模仿，从未被超越 现代人苦思冥想的文创，良渚人早就玩过了》，2018-01-28)

三　伦福儒：我确信，良渚遗址可以申遗成功

2017 年 3 月 21 日下午，浙江省文物局局长柳河，江浙沪众多考古学家、研究者，都来到余杭良渚，只为听一个外国专家长达三个多小时的讲座。

他叫科林·伦福儒，80 岁，世界著名考古学家、剑桥大学教授、英国科学院院士。他在第二届世界考古论坛上被授予"终身成就奖"的荣誉称号。他和英国学者保罗·巴恩合写的《考古学：理论、方法与实践》，自 1991 年面世以来再版七次，至今依然是考古学界最为全面和系统的畅销考古学教材之一。

老爷子很爱良渚，这是他第二次专程来古城了。当天上午，他又考察了新发现的老虎岭水坝，以及出土了人骨的钟家港发掘现场，下午，他在良渚做了一场题为《世界早期复杂社会视野下的良渚古城》的讲座，中途，这位严谨的学者说了一句话，让现场的听众有一点振奋："我非常确信，良渚遗址可以申遗成功。"（图 3-3）

3 月 10 日，余杭区政府召开了良渚遗址申遗和良渚文化国家公

图 3-3　2017 年 3 月 21 日科林·伦福儒勋爵考察良渚遗址并作学术报告

园建设动员誓师大会，明确了制订良渚遗址申报世界文化遗产、良渚
文化国家公园建设项目的行动计划。

　　良渚申遗正式进入了冲刺阶段。

　　良渚遗址发现 80 年了，良渚古城发现距今也 10 年了，考古学家
在良渚一带逐渐勾画出了一个规模宏大的国家体系——城内外有宫殿
区、城墙、外郭的区分，发现了王陵、贵族墓地、平民墓地、观象台
和玉器作坊，古城系统的各个功能分区已经越来越清晰，正是这些考

古成果一步步实证了中华 5000 年文明。

那么，良渚文明在世界文明的序列里，是怎么样的地位？伦福儒在标题里用了一个词：复杂。

他站在世界文明发展史的高度，把良渚古城同古埃及金字塔、苏美尔文明乌鲁克、哈拉帕文明摩亨佐达罗、墨西哥特奥蒂华坎、玛雅城邦、土耳其哥贝克力石阵、英国巨石阵、秘鲁卡拉尔、希腊克罗斯等早期国家遗址和早期仪式中心遗址做了比较。

"很多文明时期的国家都有早期仪式中心，后来都发展出了早期国家。但谈论良渚的时候，我们发现，良渚并不符合这个模式。我觉得良渚会引发考古学家对于文明，对于复杂社会究竟是什么的一个新看法。"

和古埃及、玛雅相比，良渚太特别了。

他举了几个例子，比如良渚古城内外的运输和交通是通过水运来实现的。"这样的文明，在美索不达米亚文明区域，也不多见。如果我们想用人类学的术语来描述良渚，是有问题的，我们找不到合适的术语对良渚社会进行分类。如果我们要理解良渚在世界文明史的地位，可能要用一些新的术语来讨论良渚社会的系统、阶层。"

杭州余杭区政府向国际专家介绍了《良渚遗址保护总体规划》，伦福儒认为："当地的规划有高度，有效控制了遗址周边建设，保护了遗址周边环境，良渚遗址是中国大遗址保护的样板。"

伦福儒对于良渚接下来的申遗之路，很看好。

"良渚一系列的发现都特别重要。首先是对城墙整体的研究，因为城墙是证明一个城市是否是城市的最重要的证据之一。而城中居住址的发掘，河道的发掘，对环境信息的研究，对动植物信息的发掘，都能提供非常重要的信息。此外，水利系统的研究，我们做了测年，这太重要了，它扩大了我们研究的范围。"他几次表扬了目前良渚遗址的保护工作，"我们把整个良渚遗址都保护了起来，这是非常重要的，这也有利于未来工作的开展。而且，我们有非常现代化的博物馆——良渚博物院，我觉得，这是世界上最好的遗址博物馆之一"。

（原标题：《世界顶级考古学家伦福儒昨专程来到良渚古城，作了一场专题演讲——我确信，良渚遗址可以申遗成功》，2017-03-22）

四　在世界考古学界，"良渚声音"正放大

"5100 年前的海岸线在哪儿？"

"良渚古城当时居住人口估算有多少？"

"储存这么多水干吗？"

一系列犀利的问题，出现在良渚古城遗址不远处的一场重量级国际学术会议上。5000 多年前的良渚人和良渚国王肯定也不会想到，自己国家——良渚王国的文化和生活，正受到世界关注。

2017 年 12 月 13 日，来自中国、英国、法国、意大利、加拿大、澳大利亚、尼日利亚、墨西哥、以色列等国内外著名高校和相关科研机构的近 30 位世界知名考古专家——光是各国科学院院士就有七位——集聚杭州良渚，参加"第三届世界考古论坛·良渚古城水管理系统国际学术研讨会"。而良渚古城发现 10 周年新闻发布会也同时举行。

这些国际考古大咖是从上海特地赶来的。

他们在上海参加了主题为"水与古代文明"的第三届世界考古论

坛，巧的是，良渚古城水利系统——世界最早的拦洪大坝系统，作为一个典型案例，在本届世界考古论坛期间受到广泛关注。所以上海会议后，与会专家专程从上海赶到杭州良渚，亲自实地考察了古城以及外围水坝。

"我 2013 年来过良渚，当时没有意识到这里的规模之巨大，这次被震撼了。"美国伊利诺伊大学教授蒂莫西·帕吉塔特很惊讶。

"良渚文明的规模之大、水利系统建造速度之快，都要超过玛雅文明了。"美国伊利诺伊大学教授莉萨·卢塞洛这样说。

在世界考古学界，"良渚声音"得到了进一步放大，良渚遗址在中华文明和世界文明发展中的地位得到了国际考古学术界的认可：良渚遗址是实证中华 5000 多年文明史的圣地。

（一）国际考古权威指出：以良渚来标志中华 5000 多年文明

2013 年，在首届世界考古论坛中，良渚古城就入选了这张世界级的考古榜单——十大重大田野考古发现。

而在 2017 年的论坛上，良渚古城又不止一次被专家提起。已经来过良渚多次的大咖——世界著名考古学家、英国科学院院士、剑桥大学教授科林·伦福儒勋爵在上海博物馆做了题为"两个图符的故事：史前社会复杂化的不同途径"的学术报告，专门讲到了良渚文明的世界高度，让台下的浙江省文物考古研究所良渚古城团队的专家们很是兴奋。

伦福儒把良渚文化与希腊基克拉迪文化做了比较研究，然后，他点赞了刘斌所长带领的浙江考古所良渚古城考古团队，称这个团队的贡献让良渚文明处在和古埃及文明、美索不达米亚文明相同的时间点上。

2017 年夏天，伦福儒先生来良渚做报告时，提到"酋邦"以及良渚王国是否存在一个酋长。这一次他说，良渚社会比处于酋邦阶段的基克拉迪文化更为复杂，已经可以认为是早期国家社会。他认为良渚遗址发现的历史贡献是：确定中国早在 5000 多年前的良渚社会就已经进入了早期国家文明阶段。

他又说，同时期中国可能还不止良渚一个国家社会，但良渚无疑是最耀眼和最突出的，同时也证明中华文明不仅起源于黄河，也起源于长江。"中国考古学家让我们认识了中国史前时代。良渚文化的玉琮及其上的神徽，直接可以视为良渚国家的标志符号。"通俗地说，相当于是国徽。

这无疑是令人振奋的。

这些年，国内学术界已经确证，以良渚古城为核心的良渚遗址实证了中华 5000 多年文明史。而这一次，考古界的国际权威在这样大规模的国际会议上，第一次明确以良渚来标志中华 5000 多年的文明。

这说明，主流国际学术界已经因良渚的发现开始接受中华有着 5000 多年文明史的观点。

（二）良渚研究，改写了世界历史

这场专门为良渚而开的国际论坛现场，专家们说得最多的词是：改写历史。

"我认为，良渚的考古研究工作不只改写了中国历史，也改写了世界历史。这里建筑、结构上大量的发现，会逐渐改变很多学术观点。"美国辛辛那提大学教授弗农·斯卡伯勒给予了高度评价。

斯卡伯勒先生主要在东南亚、美国中部、非洲范围工作，这次来良渚，他发觉他们过去的考古研究有忽略类似良渚这样水资源丰富地区的倾向，现在，这种现象正在转变。

"良渚先有了大规模的集体工作和工程（比如水利系统），再有了国家控制（王权），而其他很多文明都是相反的。这其中有趣的是，人们如何被组织、分配来建造这些工程？这加固了一种观点：在王权出现以前，一定有某种世界观、某种仪式起到了一个重要作用。"斯卡伯勒说，我们生活在复杂的、充满不确定性的世界里，我们能从良渚古城的考古研究中学到很多，理解良渚人如何面对挑战，克服这些不确定性，是非常有意义的研究。

美国夏威夷大学马诺阿分校教授米丽娅姆·斯塔克提到了良渚玉器，以及它在古代艺术史上的地位。"良渚的艺术是世界级的，与任何新石器时代文明相当，甚至更好。玉器制造非常精美，功能性制品的制作水平也很成熟。"

《美国科学院院报》也发表了关于良渚水利系统的最新文章：Earliest hydraulic enterprise in China, 5100 years ago（5100 年前中国最早的水利系统）[①]。这说明良渚水利系统也得到了世界的关注和认可。

如今，良渚古城和水利系统还在继续发掘，而问到之后良渚遗址的研究方向，莉萨教授也建议继续研究水利系统，"研究它是如何作用的，为何被建造，为什么这个区域这么快地吸引了这么多人口"。

（三）这是具有世界级重要性的遗址，不只对中国

在 2017 年参加会议的近 30 位国际大咖中，有一位重量级的老太太——76 岁的杰西卡·罗森女士，她是英国学术院院士、牛津大学教授，也是良渚的老朋友了，曾多次来遗址考察。这一天，她接受了

---

① PNAS 是美国国家科学院的院刊，也是公认的世界四大名刊（Cell，Nature，Science，PNAS）之一。

记者的专访。

记者（以下简称记）：您对良渚遗址的印象是怎么样的？

罗森（以下简称罗）：令我印象最深刻的是它的规模之大，它的水利管理之复杂，水坝数量之多。这些水坝是互相关联的，这是一个巨大的事业，也意味着非常多的人口数量。

记：您觉得良渚遗址有哪些独特性？

罗：首先，良渚文明是基于稻作农业的，具有可鉴别性的农业特征。在讨论城池、宫殿之前，我们要意识到，良渚有多大区域是用于水利系统的。单独对水利系统的分析就能说明，这是非常大的一片区域，水被用来灌溉或者起到保卫作用。

设计、规划和管理在其中的作用非常明显。最重要的是：某人（国王），一定是这一切的幕后组织者，他管理着这个大型社会。

现在还不能确定，良渚文明为什么能够延续下来。我认为有两个重要的可能性因素：一是非常好的食物系统，包括渔业。二是某种社会制度、思想体系。或许玉器正是与某种思想体系相关联。

记：能否为良渚遗址未来的研究方向提出您的建议？

罗：良渚的考古专家或许还会在这里研究 20 多年。在极短的时间内，他们做出的研究是非常令人印象深刻的。我认为我们需要更多的社会科学数据来与当前已有的考古学数据结合起来。如果能知道定居点的数量、位置，水道的位置、数量、大小，海平面的升降情况……这些细节信息都是非常重要的。例如陶器上的食物残留，能够让我们知道当时人的饮食结构情况，让我们知道 high elite（高级贵族）和 low elite（低级贵族）的区别。

需要认识到的是，这是一个具有世界级重要性的遗址，不只对中国重要。

外国人往往会因为这些遗址的规模之大，而无法理解它的重要性。就像森林太大，你不知道自己是在森林之中。当我拿着良渚玉器的时候，我才意识到它们有多精美，这些细节，没有亲自到过中国并看到它们的人是无法想象的。

（原标题:《近 30 位国际考古权威昨在杭达成共识：良渚遗址，实证了中华 5000 多年文明史 在世界考古学界，"良渚声音"正被放大》，2017-12-14）

五　良渚古城遗址申遗正式启程

良渚古城遗址迎来了申遗路上最关键的一天。

经国务院审批，2018 年 1 月 26 日，中国联合国教科文组织全国委员会秘书处致函联合国教科文组织，正式推荐"良渚古城遗址"作为 2019 年世界文化遗产申报项目。与此同时，国家文物局局长刘玉珠也代表国家郑重在良渚古城遗址申遗文本上签名。

这标志着良渚古城遗址正式代表中国，申报 2019 年世界文化遗产。

良渚古城遗址（公元前 3300 年—公元前 2300 年）是中国长江下游环太湖地区的一个区域性早期国家的权力与信仰中心所在。它以规模宏大的古城、功能复杂的水利系统、分等级墓地（含祭坛）等一系列相关遗址，以及具有信仰与制度象征的系列玉器，揭示了中国新石器时代晚期在长江下游环太湖地区曾经存在过一个以稻作农业为经济支撑的、出现明显社会分化和具有统一信仰的区域性国家。

良渚古城遗址真实、完整地保存至今，可实证距今 5000 年前中国长江流域史前社会稻作农业发展的高度成就，可填补《世界遗产名录》中东亚地区新石器时代考古遗址的空缺，为中华 5000 年文明史提供独特的见证。

2018 年 1 月 26 日下午，杭州良渚遗址管理区管委会举行了记者见面会，通报了最新情况。杭州良渚遗址管理区党工委副书记、管委会副主任陈寿田，杭州良渚遗址管理区管委会副主任蒋卫东，对申遗的一些关键问题，回答了记者的提问。

问题 1：良渚古城遗址能够申请世界文化遗产的条件是什么？

陈寿田：良渚古城遗址符合《实施＜保护世界文化和自然遗产公约＞的操作指南》中确定的世界遗产标准第三、四条，并具有较高的完整性、真实性，保护管理整体状况良好，因此申请列入世界遗产名录。

问题 2：第三和第四条世界遗产的标准，具体内容是什么？

蒋卫东：具体内容是比较庞杂的，我简要为大家说一下。根据《实施＜保护世界文化和自然遗产公约＞的操作指南》中确定的世界遗产标准，文化遗产事实上有六条标准。

其中第三条简称为见证价值，是（这个遗产）可以为一种存在的或者已经消失的文明或文化提供特殊的或者独特的见证。良渚古城遗址最大的价值，就是见证了中华 5000 多年文明下的区域性社会，具体阐释角度是多方面的，包括古城庞大的规模、功能复杂的水利系统、分等级的墓地所呈现出的高度分化的社会状况，以及以玉器为代表的社会礼仪、制度性特征，还有实证距今 5000 多年中国长江流域史前社会稻作农业发展的高度成就。

第四条标准，我们通常称作典范价值，主要是讲这个文化遗址对于全人类的典范性示范意义。良渚古城的规划以及布局营建，在当时具有独特的意义。

因此我们现在对良渚古城申报的价值提炼，主要是这两条价值。

问题 3：良渚古城遗址申遗进行了多年，今天（2018 年 1 月 26 日）这个时间节点代表了什么？

陈寿田：实质性启动良渚古城遗址申遗，其实是 2012 年。今天这个时间节点的意思是，中国作为缔约国向联合国教科文组织申报的时间。

蒋卫东：2015 年，我们向国家文物局递交了申报材料，但作为国家，一年只能有一个世界文化遗产的申报项目，最终能否代表国家向联合国教科文组织去申报，需要由国家文物局组织专家论证之后，和全委会（中国联合国教科文组织全国委员会）共同提交给国务院，由国务院经过审批之后，才能最终遴选出一个项目，代表国家作为那一年度的申报项目。

而 2018 年，尤其今天（1 月 26 日），情况完全不同了。虽然申报主体是地方人民政府，但是作为国家每年唯一的项目，最终是由国家文物局出面在申报文本上进行签字确认，所以国家文物局局长刘玉珠的签字就代表了缔约国的正式确认。

这表明从国家层面确定了良渚古城遗址已经作为 2019 年中国政府向联合国教科文组织申报世界遗产的唯一项目。

问题 4：良渚古城遗址的申遗范围，最终确定为：良渚古城 + 瑶山遗址 +11 条水坝，能否解读一下？[①]

蒋卫东：良渚古城的申遗范围是随着对良渚古城遗址的认知过程不断扩大的。

....

① 1987 年，浙江余杭瑶山发现良渚祭坛和贵族墓地；2006 年，发现良渚古城；2015 年，发现良渚古城外围水利工程，这是中国最早的水利工程、世界最早的水坝系统。

良渚遗址实质申遗的时间，是从 2012 年开始的，当时，良渚古城遗址已经被发现了，但是外围水利系统还没有被发现。当时，虽然申报名字是良渚古城遗址，但只是以大家都知道的古城核心区——8.81 平方公里的区块，作为申遗范围。而随着外围水利系统的发现以及对其价值的不断认知，许多专家提出，良渚古城的外围水利系统价值不亚于良渚古城本身，作为中国迄今为止发现的最早的大型水利系统，以及迄今为止发现的世界最早的拦洪大坝系统，良渚外围水利系统在世界上具有非常重要和独特的价值。

2017 年 3 月，经过国家文物局专家们郑重商议之后，在申报范围上，要求把外围水利系统——11 条水坝，以及瑶山祭坛与墓地一起放入良渚古城遗址申报世界遗产的范围中。

问题 5：申遗文本我们今天是第一次见到，可以简单介绍一下它的内容吗？

蒋卫东：按照《实施＜保护世界文化和自然遗产公约＞的操作指南》的相关要求，实际上只要求了申遗相关文本，以及对文本进行相关说明的附件。我们这里最主要的就是 500 页的英文文本，其他的都是它的附件。附件包括了考古发掘的报告、作为支撑材料的保护性法律法规等文件、总体规划和管理规划，与良渚古城相关联的遗址及文物图册等四部分。还有一个大的图筒，是按照相关规定提交的几张主要图纸。大家目前看到的是 2017 年 9 月 12 日向国家文物局递交的预审文本，正式文本这几天都在北京，国家文物局需要在上面签字。

问题 6：正式文本与预审文本有哪些区别？

蒋卫东：预审文本提交到世界遗产中心后，世界遗产中心的专家对文本格式和内容进行了预审，预审之后反馈给我们初步的预审意见，我们根据意见对文本格式和内容做了梳理。预审的时候因为场地关系，有些材料没有备全，例如图册只提供了目录而没有完整照片，这次正式申报我们提供了完整的图册，包括申遗文本和整个良渚古城遗址的管理规划的重新修编版本。

问题 7：接下来的几个关键时间节点有哪些？

陈寿田：按照规定，2019 年申遗的项目，必须由缔约国递交正式的申遗文本，于格林尼治时间 2018 年 2 月 1 日下午 5 点之前，将文本送达位于巴黎的联合国教科文组织世界遗产中心办公室，这是他们最后的截止时间。

世界遗产中心收到文本后，会委托专业的第三方评估机构——国际古迹遗址理事会，对缔约国申报的文件项目进行专业评估。

评估分为三个阶段。

第一阶段，申遗文本将会以电子邮件的方式发送给世界各国的国际古迹遗址理事会成员，由他们进行匿名评估并收集反馈意见。匿名评估主要审查申遗地区是否具备遗产申报条件，它的价值是否足够，以及遗址的保护现状。

第二阶段，2018 年夏季，国际古迹遗址理事会派一到两名相关专家进行现场评估。现场确认遗产的真实性、完整性，以及保护的有效性。

第三阶段，在接下来的几个月，国际古迹遗址理事会通过会议形成评审意见。到 2018 年年底、2019 年年初，良渚古城遗址是否适合入选世界遗产名录，专家们会给出一个最终结论。结论一般分为 ABCD 四个档次，A 档建议列入，B 档补充材料，C 档推迟申报，D 档建议不列入。

我们 2018 年的工作，就是迎接国际古迹遗址理事会的现场评估。

最后一个时间节点，2019 年 6—7 月，第 43 届世界遗产大会（全名为联合国教科文组织世界遗产委员会会议）会进行现场审议，确定这项遗产最终是否入选世界遗产名录。

问题 8：接下来的工作能否介绍一下？

陈寿田：一是依法做好良渚遗址的保护工作；二是系统地做好考古发掘和学术研究工作，为遗产保护、利用提供学术支撑；三是做好遗产阐释展示工作，让老百姓看得懂遗产的价值；四是做好宣传教育和知识普及工作，发动全社会支持遗产保护；五是做好合理利用遗址的工作，让遗产地民众共享遗产保护的成果。

我们的愿景是将良渚古城遗址打造成中华文明朝圣地、中国文化金名片，为浙江文化建设和杭州世界名城建设做出独特的贡献。

（原标题：《确定了！良渚古城遗址申遗正式启程 2019 年召开的第 43 届世界遗产大会上将现场审议，确定是否最终入选》，2018-01-27）

六　良渚文创设计，如何接"地气"

很多人进博物馆，一定会逛到最后的文创商店"买买买"，买的商品要么是有设计感的，要么是实用的，总要买点什么回去，才算博物馆之行圆满。那么，如果买一件 5000 年的良渚文化周边，你会买哪种呢？

比如，这一组基本款：矿泉水，钥匙包，帆布袋，你会不会买？

一只良渚玉鸟台灯，还是比较美的，就是设计师定价有点狠，要 500 元；逛博物馆必买系列之本子、袋子，很文艺范儿；给小朋友设计的良渚遗址导览手册，很可爱；还有复古又烧脑的拼图。（图 3-4—图 3-6）

这些周边，来自一个文创大赛——

经过四个月的征集，2018 年 4 月，由杭州良渚遗址管理区管理委员会主办，北京大学考古文博学院承办的"源流·良渚文化遗产创意设计专项赛"收官。55 件入围作品，由终评专家现场评分决议，产品包括三大系列：视觉标识设计、日常生活设计、知识传播设计，最

图 3-4（上） 玉鸟台灯

图 3-5（中） 手机壳

图 3-6（下） 良渚博物院
文创空间，各种
良渚文创商品

终评出了 20 件获奖作品。

很多人都关心视觉标识设计，也就是良渚古城遗址 logo 最终选了哪个。考虑到申报世界文化遗产及国际化推广的远期图景，主办方慎重决定视觉标识设计组一等奖（即中标奖）空缺，留待资深设计团队后期深入打磨，以呈现良渚文化最为经典的品牌形象。因此，主办方决定在原有四名优秀奖的基础上增设一个名额，最终颁发五名优秀奖。

日常生活这一组也同样，一等奖空缺。专家评委们认为，一等奖作品应具备引领社会公众深入认知良渚文化的属性，以喜闻乐见的形式传播良渚古城遗址的突出普遍价值，而入围作品均尚有提升空间。主办方讨论后决定：日常生活设计一等奖空缺，并在原有四名三等奖的基础上增设两个名额，最终颁发六名三等奖。（图 3-7）

这些脑洞大开的周边产品在设计过程中，有一些有趣的事，也有一些尴尬的事。

logo 是最难设计的，因为人们会赋予它很多含义。接近半数设计师利用了"良""玉""器""国"等字体的变形，并与良渚标志性的玉琮形态相结合。而作为"娘家人"，无论是一条鱼，还是一只眼睛，良渚考古专家一眼就能看出，它是不是良渚的鱼，眼睛是双眼皮还是单眼皮，有没有眼角，以及……各种 bug（指漏洞）。

很多设计师用了"良"字的变体，还有人给动画的男主取了"小

图 3-7　源流·良渚文化遗产创意设计专
项赛视觉标识组优秀奖作品之一

良人""阿良"的名字。乍看会觉得挺好啊,"良"字又点题,但浙江
省文物考古研究所研究员王宁远一针见血:"很多人的注意力在'良'
字上,这有点奇怪。其实良渚最关键的是'渚',是地形,是整个良
渚城,意思是水中的小洲,是可以住人的,只有了解的人才会懂。"
没错,80 多年前,良渚遗址的发现者施昕更先生就在考古报告中解读
过:渚者,水中小洲也;良者,善也。

　　初评时,有一个 logo 的主体形态是一枚红色方形印章,阴刻了
一个兽面纹样。浙江省文物考古研究所研究员方向明一眼看出其中的

bug："这个纹样不是我们良渚的兽面纹，是江苏出土的玉琮纹样。如果作为我们的 logo，岂不是长他人志气嘛。"筛掉后，他想想觉得有点可惜："如果设计师设计时换一个纹样，说不定我就选了。"

　　生活用品设计的投稿是最多的。

　　比如一双筷子，设计师还寄来了实物。看起来很普通，但王宁远一摸："你看，筷托，用了玉鸟造型，筷子头上，是琮式管啊，这个蛮好的，如果材质选得好，会很漂亮。"看来，设计师做了一番功课。

　　还有一个鱼形 U 盘，大家也觉得好看又实用："只有我们知道这是良渚的鱼！"王宁远笑了起来。说完，曾任台北故宫博物院博物馆商店与餐饮服务总经理的何春寰马上给出了实质性的建议："这就牵涉到商品包装问题，U 盘需要一段文字叙述，它的灵感源自哪里，中英日都需要。"

　　但有一些设计，脑洞开得很大，确实也很接地气，但专家们反而有点坐不住了。

　　初评时，一条男士"内裤"的图片在大屏幕上"啪"一放，大家一阵尴笑。设计师把金色的良渚神人兽面像印在了一条深灰色单色内裤侧面，半包大腿到臀部位置。

　　还有一只折叠杯，做成了内圆外方的玉琮形状。"这么方，怎么喝呀？"大家都笑了。浙江省文物考古研究所研究员赵晔一开始以为是垃圾桶，"这个有损良渚形象，玉琮的形状其实很难做的"。

　　然后，讨论的高潮来了——一只多肉植物的花盆，是个套盆，外面的方盆用来盛水，外方内圆，显然用到了玉琮造型。看起来没什么问题，还蛮小清新的，但专家们却围绕着它讨论了半个小时。

　　"我本人非常反对大量套用形式，而没有深入思考形式后面的必要性。一个简单的花盆，简约漂亮好看就行了，为什么一定要加一个玉琮外形呢？"深圳市平面设计协会副秘书长曾令波说。另一位专家"补刀"："其实多肉本来就不用浇水，设计多此一举了。"

　　中国美术学院文创设计制造业协同创新中心主任、工业设计研究院院长王昀，从设计的角度道出了尴尬的原因：本来古人用的器物，和器型之间是有天然关系的。现在的设计只取其形而忽略其用，没有使用场景，逻辑关系和性质发生了变化，当然会觉得别扭。

　　"我完全同意。"何春寰举了一个大家非常熟悉的文创产品："朕知道了"牌纸胶带，这恰好是她在任时开发的爆款，同样很接地气。

　　何春寰经常在香港、台湾看礼品展，看到中意的厂商就请他们加入，一次她看到了一个专门做纸胶带的厂商，经常把口语化或者报纸上常用的俚语放在纸胶带上，很诙谐。何春寰给他们看了一本台北故宫曾做过的展览手册，手册名字叫"知道了"，专门讲以前皇帝朱批奏折后，就签"知道了"。厂商就有了创意，把"知道了"和"朕"连在一起。

　　"事实上这件商品不是这家公司提的最重要的产品——他们提了

一百多件产品，但只有这件作品成了爆款。可是我来杭州，就看到浙江有一个纸厂把'朕知道了'这一品牌做成了卷筒卫生纸。"何春寰一笑，"这就是度的问题，如果是高级的诙谐，大家就非常容易接受，如果做成卫生纸，这个宣传本意就不对了，每个人都是朕，意思是每个人都可以过一把皇帝瘾？那就过于诙谐了。如果这样的东西（'朕知道了'卫生纸）在一般的百货公司卖，我认为无所谓，但一定不能是博物馆，因为博物馆是文化交流的最后一道底线，这一关我们必须守住"。

何春寰说，有一些文创产品，看起来很可爱，却失掉了对文物的敬畏与敬仰，违背了文物的原意。比如，有一阵人字拖很流行。有厂家把清代宫廷画家丁观鹏的罗汉图设计在拖鞋上，书画处的研究员就跟何春寰提出，这是对宗教人物的不敬。"一个皇室的用具，设计师一定要把它'撂到地上'，这就把原本应当放在最高处的标准，以及等而次之的评断与秩序，弄乱了。"她直言不讳。

何春寰在哥伦比亚大学念书的时候，第一堂课就是"high art，low art"，"到底艺术有没有高低之分，当然有。那谁来判断呢？过去是君王，现在如果为获取大家关注而'卖萌'，放弃文化的高度，那就太可惜了，我们很多东西需要自我提升与约束"。

在杭州，很多花坛、花盆、立柱、桥墩上都借用了5000多年前良渚人的玉琮和神像，但，要么鼻子和眼睛反了，要么出现在垃圾桶

图 3-8　杭州孤山附近的一个花坛（夏勇摄）

上，要么神像去"养花"了。

　　良渚博物院的一位专家路过西湖的揽月楼附近，看到几只花坛，花坛脸上是良渚神像，但是，神人的眼睛没有了。

　　这位专家继续逛到孤山方向，又发现一个花坛，绝对是良心产品。（图 3-8）

　　"纹饰细致，原型是寺墩 M4 的琮，上下两节 L 尺形纹饰。"专家说，设计师连"眼角"都考虑到了，要表扬一下。科普下，5000 年前，"基本款"神兽的大眼睛，中间是重圈，两侧有侧角及螺旋线旋转，好像是眼眶里带眼角的重圈小眼。

　　往好的地方想，说明良渚人确实是中国最早的原创设计师，他们的审美到现在也没过时。但另一方面，作为"自家人"的良渚考古专家有时候蛮伤心的，他们每次看到一些歪曲、篡改，或者场合不对的神像或者玉琮，都忍不住要吐槽一番。

作为良渚出土玉器的唯一线绘者，方向明就在大街小巷拍过很多山寨版和不知所云的良渚文创，几乎可以做一个相册了，"每次我看到遍布杭州城的灯柱座，把鼻子安在神像的脑门上，就有一种想拗断让它们重生的欲望"。

"形态和形式随意套用，这不是一个好的事情。神像的纹样本来是用来祭祀的，现在变成了垃圾桶，或者养花的，就有点过了。文创产品，哪怕是转化的，也要适当尊重原来的主题内涵，"王昀说，对于文化类的产品，中国人传承的核心是礼制，所谓藏礼于器，"因为有'礼'，才会有背后的生活关系，才会有文化传承，人们才会有教养或者修养，才会显得'正'。中国人讲的'制'是'形制'，这个关系被剥离后，本身器物载道的功能就被表面化了，就所谓'形而下'了，这种现象对我们设计研究或者文化推广来说，需要警惕。"

（原标题：《良渚文创大赛揭晓，大家最关心的良渚古城遗址 logo 大奖空缺 很多人都盯着"良"变花样，其实更关键的是"渚"》，2018-04-18）

图 3-9　正在搬家中的八角亭良渚工作站

七　一眼千年，一干十年

　　家门口的爬山虎，是 2009 年刘斌亲手种下的，10 年后，它已经爬满了整幢楼。

　　它不是我们通常意义上的家，没有门牌号码，导航导到这里，语音提醒：你已进入一条无名路。

　　2018 年 4 月的一个周末，刘斌和家人们一起把家门口的一块牌子拆了下来。牌子上写着：良渚遗址考古与保护中心。（图 3-9）

2009 年，国家文物局和浙江省文物局授牌成立良渚遗址考古与保护中心，同年，良渚国家考古遗址公园成立，成为第一批 12 个国家遗址公园之一。

当然，这些年，我们更习惯叫它另一个名字：八角亭良渚工作站。

2018 年 4 月 16 日，为了配合良渚古城申遗及良渚国家考古遗址公园建设，八角亭良渚工作站拆除后规划为草坪，成为遗址公园的一部分，工作站将搬迁至 1.5 公里之外的新家。（图 3-10）

"这里基本上是我们所有人的家。"王宁远和家人们——浙江省文物考古研究所良渚考古队队员，365 天里，平均 280 天住在这里，而所长刘斌，已经住了 10 年。

从家门口走出来，没几分钟，就是大莫角山遗址——良渚宫殿区，5000 多年前的良渚国王，就是在这个小山坡上俯瞰全城。他大概不会想到，5000 年后，有 20 多个考古队员，和自己做邻居，一铲一铲，一步一步，发现这个 5000 多年前的古代王国的秘密。

八角亭消失了，5000 年前的历史留下了，故事，留在了这个春天的风里，它会像当年浙江省考古所旧址环城西路 20 号一样，在记忆中永驻。

来八角亭的路上，满目草原，以前，这里是一条狭小颠簸的乡间小道，两边种满了果树，粉粉的桃树最多。余杭人都知道，这是一

图 3-10　正在搬家的八角亭工作站

个地标——大观山果园，这里的桃子特别甜。2007年，就是在这里，良渚古城遗址被确认发现，大家才知道，这片果园之下居然是良渚古城的宫殿区，王之所在。

第二年，刘斌带着研究员王宁远，以及三四个技工，从反山南边良渚遗址管理所内的临时住处，搬到了八角亭，以便继续对古城及周围进行发掘。当时，这里是大观山果园的职工宿舍，后来果园外迁了，宿舍本来要拆除，但是刘斌向良渚管委会提出："希望这个地方可以留下来给我们用，因为良渚古城考古是一项持续的系统项目，需要有一个稳定的工作场所。"

考古人习惯的生活是这样的：除了课题性的主动性发掘，比如良渚古城遗址，考古工作者平时的工作，更多的是配合基础建设展开，高速公路修到哪里，铁路开到哪里，他们就要跟到哪里，在基建开始前，探明此处是否有历史遗迹。发掘的日子里，他们住在老百姓家里，日常生活，与老百姓同进共出，等此处发掘结束，就再换一个地方住，属于居无定所式的"考古漂"，没有安定感。

刘斌的想法有些不同，或者说，作为考古人的敏锐，他已经隐约意识到，良渚古城，绝非那么简单，这里不是暂时过渡之所，他想给良渚的考古人打造一个家。

良渚管委会把果园的四幢房子留了下来，原来的房子没有围墙，没有空调，管委会重新做了装修。一幢古朴的小楼，布满爬山虎，露出四个窗户，刘斌、王宁远、赵晔三位研究员各住一屋，下面还留着一个房间，作为客房。这里接待过很多国内外专家，《自然》杂志的一位美国记者来工作站采访时，也住在这里。得知这里要拆了，很多人感叹：真想来八角亭住一晚啊。

为什么叫八角亭？

刘斌说，新中国成立前这里有个一真寺，寺庙旁边有个亭子，八角亭应该是亭子的名字。据说寺庙很小，后来被拆掉了，但老百姓都知道那个地方叫八角亭。

已经消失的地方，只留在老地图和当地人的记忆里。但良渚考古队的家一安，八角亭得以延续生命。

"这里和一般意义上的考古队驻地有点不一样，一开始我就希望按照家的模式打造。"刘斌把大半的家当都拿来了，不只书和生活用品，他还把家里的冰箱、洗衣机也搬来了，在院子里种花，还买了仿古家具，布了茶席，刘所长泡的茶，很香。

一年 365 天，有超过 300 天的时间刘斌都住在这里，其他考古队员在这里平均也要住 280 天左右。（图 3-11）刘斌经常跟技工和考古队员讲："我们的工作时间不是朝九晚五，下班就可以回到城市，可以回家，我们的工作就是生活，考古界的老先生们有一句老话：考古是一种生活方式。你是现代人，又要研究古代，你需要一直生活在这种状态里，别人看来很艰苦，其实有很大的快乐。"

这种生活方式是怎么样的？

走进一幢矮楼，里面厨房、浴室、餐厅、客厅、会议室，一字排开，麻雀虽小，五脏俱全。王宁远说："我们永远都是圆桌吃饭，我们没有快餐制，很多工作上的事情就是在饭桌上说的。我们一般不会开很正式的会，吃饭的时候，就把事情说掉了。"

换句话说，可能在夹起为考古队做饭的阿姨最拿手的酸菜鱼时，历史就被改变了。

王宁远曾经制作了一张数字高程模拟图①，名为"良渚考古之路

① 数字高程模型，分析古城遗址地貌环境，标注工作站位置，以及与古城的关系。

图 3-11　良渚考古队在八角亭爬山虎前合影

1981—2018"，在八角亭的定位里打了几个关键词：发现外郭、水利系统、古城格局、"中华五千年文明史圣地"申遗。"我们已经实景三维高精度采集了这个区域，它未来会永远存在于虚拟三维里。"（图3-12）

　　2008 年考古队刚搬到这里时，人们还不知道外郭城在哪，考古队边发掘边做规划，2008 年年底就开始对古城内外进行大范围勘探，2019 年已经完成近 20 平方公里范围的摸底工作。

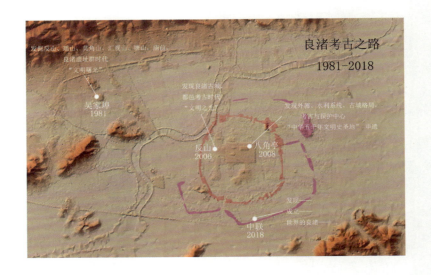

图 3-12　数字高程模拟图

　　调查水坝时，王宁远和同事拿到了一份 1969 年美国拍摄的卫星影像，想找到高坝区遗漏的水坝。他连续几天关在楼上的屋子里点击，有一次点错了位置，把焦点设置在了西南方向，结果放大一看直接发现了低坝中的一条。

　　从 30 万平方米的宫城到 300 万平方米的王城，从 800 万平方米的外郭城再到 100 平方公里的良渚古城外围水利系统，10 年，就在这个小小破破的工作站里，考古队员一次次刷新了学术界和普通人对良渚遗址的认知。

10年前，住在八角亭包括技工在内只有四五个人，现在，已经发展为20多个人的良渚考古队，大部分都是80后90后的年轻人，他们饭后有一个保留节目，骑自行车到古城外绕一圈，看看北城墙和西城墙，或者登上大莫角山，欣赏城里无法看到的最美日落。

采访那天，大家正在搬家，菜、图纸、各种地图已经被分门别类打包好准备外运。一抬头，宋姝挽着姬翔的胳膊走了过来，两人吃着棒棒糖，在一片杂乱中散步，一条叫作"奶茶"的狗狗，在他们身边蹦跶。(图3-13)

两位90后考古人，是在八角亭恋爱的。

2016年，他们先后来工作站报到，一个来自吉林，一个来自安徽，一个住楼上，一个住另一幢楼下，"我们来杭州也没有在外面租房子，也没有必要在外面租房子，一年回去住不了几天，这里就跟家一样了"。

2016年年底的春节前，宋姝要坐一大早的飞机回老家，凌晨四点就要从八角亭坐车去机场。前一天晚上，她决定不睡觉了，在二楼角落的会议室待着。那天，姬翔也没睡，坐在会议室陪她聊天。走之前，他硬着头皮问了一句："我们在一起怎么样？你要不要回家考虑一下？"

过年后回来，宋姝在八角亭遇到他："要不然试试看吧？"

图 3-13　在八角亭相识相爱如今已结婚的一对 90 后考古人

　　"咭，他刚刚过来时还是小伙子一个嘞，这个人是他老婆。"王宁远拉过刚刚在帮着搬家的陈全合和李红。老陈是技工，负责发掘，李红负责考古人的三餐饭。"他是山东人，2005 年就到了良渚工作，生了儿子，又在瓶窑买了新房。在这里，很多人都改变了人生方向。"

改变的，还有性格。

2013 年，80 后的陈明辉到八角亭后，刘所长交给他的第一个任务，是做后勤工作。

"倒没有失落，我先整理办公室、书桌，后来，也管买菜、报销，以前没做过这些工作，现在既然交给我，我就不能让大家失望，做过之后，也得到了锻炼。我不太会说话，嗓门也比较小，属于三棍子打不出个闷屁的那种人，到这里我发现，专家来了要给他们讲解，如果领导不在，我还要跟各种身份的人打交道，还要开会，肯定要讲一些话，慢慢我学会了一些讲话技巧，这是我以前想象不到的。"

如今，他已经成为良渚工作站的站长。

"八角亭对我们很重要。如果没有工作站，就不可能有 10 年来良渚考古团队的建设。大家在这里有一种共同工作生活的氛围，如果没有这样的氛围，这 10 年考古工作也不可能进展得这么快。"刘斌说。

2017 年夏天，摄影师肖全来杭州拍摄 200 个普通人。那天傍晚，他来八角亭给刘斌拍照，站在大莫角山上，看着云和晚霞，大家都没说话。回到八角亭，我们围着圆桌吃了一顿晚饭，肖全吃着刘斌特别推荐的面、饺子，突发奇想："以前我拍的是文化，文化人，以后，我想拍文明。"

搬家最后一天，王宁远往院子门口走，他想，今天家里是不会准备夜饭了。队员们也收拾东西，准备各自散去。

"你们都回来吃晚饭啊，菜买好了！"

系着围裙的李阿姨走出来，像往常那样，叮嘱他们回家吃饭。

（原标题：《你在那里，一眼千年；他们在那里，一干就是十年 刚刚拆除的八角亭工作站，是考古队员们的家，也记录了良渚考古的荣光；未来，它将化作遗址公园的一片草坪，继续见证良渚文化走向世界》，2018-04-19）